卓越学术文库  U0558448

国家社会科学基金重大项目"汉语语言哲学的理论基础及发展趋势研究"(批准号：24&ZD223）

河南省哲学社会科学规划项目"族群式新词语的生成机制及认知发展研究"（批准号：2021BYY019）

河南省高校人文社会科学研究一般项目"族群式新词语的类推机制与社会文化发展共变研究"（批准号：2024-ZZJH-375）

当代汉语新词族研究

DANGDAI HANYU XINCIZU YANJIU

河南省高等学校哲学社会科学优秀著作资助项目

康军帅　著

郑州大学出版社

图书在版编目(CIP)数据

当代汉语新词族研究 / 康军帅著. -- 郑州：郑州
大学出版社，2025.1. --（卓越学术文库）. -- ISBN
978-7-5773-0612-4

Ⅰ. H136

中国国家版本馆 CIP 数据核字第 2024DH8895 号

当代汉语新词族研究

策划编辑	王卫疆　成振珂	封面设计	苏永生
责任编辑	王　峰	版式设计	苏永生
责任校对	陈　思	责任监制	朱亚君

出版发行	郑州大学出版社	地　　址	河南省郑州市高新技术开发区
出 版 人	卢纪富		长椿路 11 号（450001）
经　　销	全国新华书店	网　　址	http://www.zzup.cn
印　　刷	河南文华印务有限公司	发行电话	0371-66966070
开　　本	710 mm×1 010 mm　1 / 16		
印　　张	14.25	字　　数	207 千字
版　　次	2025 年 1 月第 1 版	印　　次	2025 年 1 月第 1 次印刷

书　　号	ISBN 978-7-5773-0612-4	定　价	72.00 元

前　言

2023 年 6 月,笔者申报了河南省高等学校哲学社会科学优秀著作资助项目,经专家评审后,共有 22 项批准立项资助出版,笔者申报的《当代汉语新词族研究》有幸忝列其中。得知自己的书稿将交付郑州大学出版社出版,是一件非常开心的事情。于是,在完成繁忙教学与科研任务之余,我从研究内容、章节标题到文字表述、参考文献等方面都对书稿进行了精心提炼和细致打磨,努力提升书稿的学术品质。

当代语言生活正发生着较大的改变,时刻冲击着现代汉语语音、词汇、语法等方面的特点。新词族现象就是当代汉语新趋势、新走向、新特点的集中展现之一。我对新词族问题的关注由来已久。从外部看,新词族批量性强、生成性强、创造性强。但从内部看,新词族的成员并不同质,有很多规律可循。语言,人人所有,人人所能。唯有爱好语言者,才能从斑驳陆离的语言事实中发现规律,唯有关注语言者,才愿意去描写语言、探究规律、展望未来。

书稿的主体部分是我的博士毕业论文。感谢我的博士导师中央民族大学王远新教授。2009 年王老师将我收入门下,勉励我读书治学。2010 年经过和导师沟通后,选择了“当代汉语新词族”作为我的研究内容。论文的选题、框架、内容几经导师指导才得以成形,其情其景,历历在目。从篇章结构安排到具体语句写作,老师都不厌其烦地悉心指导,提出修改建议。感激之情,难以言喻。王老师豪迈的性格、亲和的微笑、直爽的言语让我们感受到了大师级的魅力;他敏锐的眼光、清晰的思路、精彩的课堂使我们体验了语言学研究殿堂最美的风景;他常年深入跨境语言地区及不同类型的语言社区,亲自采集第一手田野调查资料,严谨的治学态度是我一生的学习方向。

中央民族大学的学习生活注定成为我人生中难以忘怀的记忆。人生旅途得失俱在，在中央民族大学斑驳的光影中，美妙的青春点点流失，成熟、知性、柔和溢满心怀。

从 2012 年博士毕业论文答辩完成，到 2024 年《当代汉语新词族》准备出版，书稿历经 12 年沉淀，并做大幅修改、扩充。首先，书稿补充了毕业后这十几年产生的一些新词族，比如"××哒""佛系××""国民××""神仙××""实力××""硬核××"……其次，在不断丰富语言材料和语言现象的基础上，着力挖掘新词族的构造规律及其内部蕴含的生成机制与语言使用之间的关联。再次，力求从认知发展与社会文化共变的角度，对新词族的发展走向以及社会文化发展方向提出建设性意见。

感谢我在美国访学期间的合作导师加州大学陈传升教授。2018 年 2 月我受国家留学基金委资助赴美公派访学一年。陈老师身兼系主任等数职，然而无论工作多么繁忙，每周都会定时召开组会，对我们的研究给出具体的指导意见。在美国期间，我聆听了很多学术讲座，查阅了诸多资料，收获了专业知识，开阔了学术视野，完善了研究方法。生命中这段特殊的奋斗和学习经历，每每回望时，显得尤为珍贵。

感谢我的硕士导师国家社科基金重大项目首席专家、河南师范大学崔应贤教授。崔老师学问渊博，为人谦和，对我们栽培有加，如果没有硕士期间扎实的基本功底，恐怕在博士期间我也很难有大的进步和跨越。日常生活中崔老师又是一个和蔼可亲的朋友，他总是从学生的角度考虑问题，无私地帮助我们，要求我们把工作、学习和生活的关系处理好。师恩大德，难以言谢，唯有更加努力，才能回报。

书稿在打磨和出版的过程中，得到了郑州大学出版社各位专家、老师的帮助和指导。各位前辈的提点与修改意见使我的书稿日臻完善，在此一并致谢。书稿中难免会有不尽完美之处，我会以此书为起点，在今后的研究中不断完善、深化。

康军帅

2024 年 12 月

目　录

绪　论

随着现代化、全球化的推进,人们的社会生活发生了极大变化,语言生活也更加丰富多彩,汉语新词族大量涌现。新词族是当代社会生活的反映,同时又是社会生活的有机组成部分。

《中国语言生活状况报告(2007)》指出:"国家语言资源监测与研究中心采用计算机半自动提取的方式对 2007 年度新词语进行调查,根据'公众语感'及若干操作准则进行人工干预,并在新浪网上广泛征求网友意见,最后得到 254 个新词语。这些新词语表现出的特点有:第一,多字词语占优势。其中三字词语占 37% ,四字词语占 28.74% ,两者合计超过 65% 。第二,大量使用词语模类推构词,词族化表现明显,如'爱邦族、帮帮族、毕婚族、晒黑族、晒卡族、代排族、试客族、拒电族、掏空族、考碗族、懒婚族;嚼吧、爽吧、眼吧、熨吧、K 客吧、手工吧、自驾吧;绿客、淘客、试客、职客、群租客、刷书客;翻新门、国旗门、女友门、歧视门、违法门、艳女门'等,运用较多的类后缀有'~族、~客、~奴、~友、~门、~吧、~日'等。词族化的新词语占 27.55 % 。"①

事实上,通过继承、引进和创新,这些新词语已形成了一系列具有"家族象似性"的类义词族,我们把它们抽象为"××担当""实力××""刷×""×族""×奴""×门""×吧""拼××""晒××""垃圾×""绿色×""山寨××"等形式。新

---

① 中国语言生活状况报告课题组.中国语言生活状况报告[R].北京:商务印书馆,2008.

生词族具有类推性和能产性,它们的出现极大地丰富了当代汉语的词库、构词方式和表现手段。类推是语言结构及语言运用中的普遍规律,更是词语构成的重要机制。近年来,汉语新词语中具有"族群化"特征的造词方式值得关注。本书以改革开放后产生的词族及相关新词语为例,研究类推机制作用下的新词族。

一、研究范围

"词族"是类推机制作用下形成的一种语言现象。本书研究的"词族"是指某一个语素(或词)在新时期构词能力增强、位置趋于固定,并围绕这个语素(或词)类推形成了一批新词语的现象。这些新词语以具有共同语素(词)为外在形式标志,且共同语素(或词)的意义相同或相关。

词族中的共同语素(或词)有的借自外语,如"硅谷、软件谷、药谷、生物谷、创业谷、设计谷、科技谷、云谷"中的"谷"来自英文"Valley"的意译,还有"网吧、水吧、畅聊吧"中的"吧"和"日记门、艳照门、招考门"中的"门"分别来自英文"Bar"和"Gate"的音译与意译;也有的是汉语原有语素(或词)语义发生转化,如"怒×""实力××""山寨××""绿色××"等。与共同语素(词)组合的语素、词或短语,叫变动语素(或词)。如"吧"词族中的"网、水、畅聊"和"门"词族中的"日记、学历造假、招考"等。

究竟"当代汉语新词族"特指哪个时间段,目前学界并没有明确的界定。本书中当代汉语"新词族"特指改革开放后(1978年后)产生的新词语词族,主要是1978—2023年(截至本书完稿)这一时段。本书研究以词族内的成员——词或短语作为研究对象,兼顾成员间的共同成分——语素或词。从词法和句法角度,词族内的单位词和语素都在我们的研究范围之内;从语义学角度,研究则涉及词义的变化、语素义的变化。

有三类词族未纳入研究范围:一是早已出现并广泛使用的旧词族,如"×性""×家"等;二是方言中广泛使用而普通话中较少使用的,如粤语中的"×记"等;三是"对义"词族,如"托儿所—托老所、才女—财女、外行—内行、校花—校草"等。另外,本书研究不包括"是××呢,还是××呢""××的小船说翻就翻""也是×了""××了解一下""你尽管××,××算我输""一言不合就××""舌尖上的××"等句式研究。

二、研究内容

本书以类推机制作用下的新词族为研究对象,拟考察当代汉语新词族产生的原因、对语言结构的影响、发展趋势、使用情况等方面。全书由七个部分组成:绪论部分介绍研究内容、研究意义等;第一章从产生领域、形式、功能、语义等多角度解析当代汉语新词族的类型和特点;第二章探讨当代汉语词新族形成的内部和外部原因;第三章至第五章研究新词族在形成过程中的语义演变、功能演变、语用扩展及对文化发展的影响;第六章是社会语言学专项调查;第七章是新词族的国际中文教学内容及方法;余论部分简略交代了论文的不足之处和以后的努力方向。

通过对词族的整体观察,我们认为,词族形成是一个发展变化的过程。一个类推结构产生之初,与共同语素搭配的语素或词形式较单一,但是随着不断类推,与之组合的语素或词在音节数量、词性、语言单位方面都可能不断扩展。另外,同一类推结构中的变动成分,可能是语素,可能是词(含数字词和字母词),也可能是短语,如词族"××族",成员中有"驴族""上班族""3G 族""OK 族""网络晒衣族"等,变动成分"驴"为语素,"上班""3G""OK"为词,"网络晒衣"则是短语。

词族在类推发展的过程中,自身的特点越来越明朗化。首先是词性类别简单化明显,新词族产生的新词主要是名词性、动词性、形容词性三类,这和新事物的大量涌现,需要相应的词语来指称有着直接关系;其次,构词材料以汉字为主,兼有数词和字母词,如"360 云"(词族"××云")、"IT 狗"(词族"××狗");另外,有些新词族源于重大事件或新生事物的催生,如"×门""×吧"等,也有相当部分的词族是在汉语的表达、认知等多种习惯影响下积淀形成的,如"×男""×女""×盲""××狗""××女郎""××脸"等。

三、研究意义

新词族是汉语词汇的重要组成部分,它的产生、发展和消亡体现着社会政治、经济、文化生活的发展变化。本书既有一定的理论意义,又有一定的实践意义。研究新词族及其使用情况,可服务社会现实;合理规范新词族,有助于建立和谐的语言生活和社会生活。

(一)理论意义

1.全面描写当代汉语中的新词族现象

学界过去对词族的研究总体上看较为零散,研究成果多为零星词语或个别词族的个案分析,缺乏词族的综合性研究。本书在综合运用语义学、社会语言学、认知语言学等相关学科的理论和研究成果基础上,用共时和历时相结合的方法分析新词族的类型、产生原因、内部结构、语义变化、发展趋势等方面。

2.动态地认识汉语构词法及词汇系统的发展变化

语言在发展变化,词汇是语言各要素中最敏感、变化最快的部分。当代汉语中丰富多样、具有时代特色的是词汇,新词族的研究有助于我们以动态的眼光看待汉语构词法特点及词汇系统的发展变化,增加对当代汉语词汇甚至是整个当代汉语的了解和认识。

3.系统探讨类词缀问题

当代汉语新词族形成和发展过程中,一部分词族共同语素的语义可能会虚化。"词根>类词缀>词缀"的演变是语义由实到虚、位置由自由到粘着不断发展的过程,这一过程是个连续统一,缓慢且相对稳定。研究当代汉语新词族现象离不开分析类词缀,本书在特定的历史进程中考察其虚化程度,从而对类词缀的相关研究具有一定意义。

(二)应用意义

1.提出文化发展的对策

作为社会生活的一面镜子,新词族及相关新词语是国家语言监测研究的永恒主题,也是国家文化资源和"软实力"的重要组成部分。本书有助于考察新词族对中国当代社会语言、文化、日常生活的渗透及影响,厘清国家的文化资源,增进我国的"软实力"。并通过新词族的网络化、生活化现象,在文化发展方面提出相应对策,为预防及解决社会问题提供帮助。

2. 为词典编纂提供参考

新词新语词典是社会需求的产物,具有很高的实用价值。如今新词语使用范围不断扩大,一些词已经或正在进入汉语共同语,有可能被汉语词典收录。本书通过新词族使用情况的调查,可为汉语词典的收词提供一定的参考。

3. 为预测新词族的发展趋势提供依据

调查新词族的使用情况及人们对新词族的态度,是汉语新词语研究的基础性工作。调查不同阶层对新词族的使用情况及语言态度,分析使用新词族时存在的共时差异、扩散机制以及发展动因,可帮助预测语言的发展趋势,为语言发展变异研究提供个案。

4. 服务第二语言教学

语言学习和教学中,学生首先应该学习语言中常用的、具有生命力的、反映社会生活的词汇。新词族是社会生活的反应,应成为学生学习和掌握的内容。将汉语新词族的研究成果应用于国际中文教学或少数民族汉语教学,是第二语言词汇教学的有益补充。利用类推规律开展新词族教学,有助于学生建立词汇辐射意义网络,也有利于学生利用词族的类推规律进行自学。研究成果可用于指导汉语教学及国际中文教学,并可服务于汉语教材的编纂。

四、研究综述

我们从三个层面总结以往的研究成果:描写分析层面、认知研究层面、社会语言学的实证研究及调查。

（一）描写分析

1."词族"及相关个案研究

（1）理论研究

"词族"（Word families）正式作为术语进入我国,源于瑞典汉学家高本汉（B. karlgren）1934 年的《汉语词族》（Word Families in Chinese）一书。高本汉在遵循一定的语音原则的基础上,结合词义,把 2000 多个汉语词汇分为若干个小类。但由于"辨音、释义和选词失当"（《释名·释水》）,高本汉的这一学术成果不被公认为严格意义上的词族或同族词研究,其研究方法也未被我国学界采用。然而,"词族"这一术语却在语言学界流传开来,指汉语内部某一"根词"以及经由该"根词"直接或间接派生出来的所有词的总和。

"词族"这一概念也常被学者称作"同族词""同语素词语族""词群""词语模"等,但概念内涵与研究范围却大相径庭。例如孙常叙（1956）在《汉语词汇》中提出了"同族词"概念,认为"同族词"既可以指由同一个词根下不同派生词之间的亲族关系（如"野心、热心、良心、耐心、雄心……"）,也可以指由同一个词根派生出来不同词语,由此他认为"幕"和"膜"也属于"同族词"。符淮清（2006）提出术语"词群",并以语义的相同、相近、相关、相属等作为词群的分类标准。他将词群分为同义近义词群,例如"维他命"—"维生素";层次关系词群,例如"高"—"低"—"矮";非层次关系词群,例如"吃"—"喝"—"吞";综合词群,例如"驴"—"马"—"骡"—"牛"—"山羊"。此外,还包括以语义关系为前提且具有部分相同词素的词群,如"猩红、橘红、枣红、桃红、肉红、宝石红"等。显然,符淮清提出的"词群"和孙常叙提出的"同族词"概念范围远远大于本书研究的对象"词族"。

刘叔新（1990）指出"同语素词语族"（简称"同素族"）是词汇中一种普遍的词语意义关联现象,即具有同一个语素而聚合在一起的族群式词语,例如"低地、高地、谷地、盆地、脚踏实地、肝脑涂地、落地生根"等,因含有表陆地义的共同语素"地",它们属于同一"同素族"。通过观察可知,"同素族"

概念对共同语素的位置没有要求,只要包含共同语素即可,所以,"同素族"的概念也不同于本书的研究对象"词族"。

"词语模(Word-Form)"是自然语言处理领域中的一个重要概念,指的是单词的内部结构和形态。在自然语言处理中,词语模被广泛应用于词法分析、语义分析、信息抽取和文本生成等领域。在词法分析中,词语模可以用来描述单词的内部结构和形态,如词根、词缀、派生等。在语义分析中,词语模可以用来描述单词的语义属性,如词义、语义场等。在信息抽取和文本生成等领域,词语模也被广泛应用于信息抽取和文本生成模型中,可以用来描述实体、关系和事件等概念。

在语言学中,词语模被认为是一种心理和认知现象,反映了人类在语言结构中的认知过程。早期语言学家主要从心理学的角度研究词语模,认为词语模是人类语言能力的内在基础。随着计算机科学的发展,词语模的研究开始与自然语言处理相结合。1960 年代,美国语言学家 F. C. S. 皮尔斯(F. C. S. Peirce)提出了"符号、代表、行为"三元模型(Semiotic Triad),认为词语模是符号系统中的一种,可以代表现实世界中的概念和对象。近年来,随着深度学习技术的快速发展,词语模的研究开始向深度学习领域拓展。深度学习模型可以用来建立更加复杂的词语模,如深度词向量模型(Word2Vec)、深度词嵌入模型(Word2Vect)等。这些模型可以更好地捕捉单词之间的语义关系和上下文信息,从而提高自然语言处理的效果。李宇明(1999)将"词语模"概念运用到批量产生的族群式新词语上,将词语模分为"模标"和"模槽"两部分,认为"词语模"是造词的"模子",不变的是"模标",变的是"模槽",生动地揭示了"词族"的外部产生机制与内部构造规律。

综上,在概念内涵上,学者们对"词族"各有自己的名称、定义及研究范围,比如名称上有"词族""词群""词语模"等。在划分方法上,有些学者以是否具有相同语素成分作为词族划分的标准,有些学者以词族内部共同语素的意义是否具有关联性为前提。本书"词族"指的不是"同源词",也不单单是"同素族",而是当代社会一种带"族群化"特征的造词方式,即某一个语素(或词)在新时期构词能力增强、位置趋于固定,并围绕这个语素(或词)类推形成一批新词语的现象。

(2)个案研究

不少学者从语义演变、语法化现象、社会文化心理分析等角度,全面解析了单个类推词族的形成过程。如张谊生(2002、2003、2006)分别考察了"×式""零×""×状"等词族的性质特征、句法功能和表义方式,认为附加型"×式"是一种融词汇单位、语法形式为一身,集交际语境、百科知识为一体的特殊语言形式,在功能上不同于区别词。"零×"词族无论从结构和搭配、表达和理解,还是发展和变化等角度都有自己的独特性。同时,借鉴现代语言学"语法化"和"词汇化"理论,从性质特征、表义功能、分布搭配等方面考察了"×状"这一新兴的语言现象。此外,任竞春(2006)研究了"×霸"新词中"霸"的语义演变;曾毅平(2007)探析了"巴"族公交新词;李珂(2008)多角度分析了"吧"族新词的语用情况;肖遥遥(2009)全面考察了"族"类汉语新词语法化现象;蒋金星、李燕芳(2009)分析了网络新词族"×囧";王丽坤(2009)探析了"门"族网络新词及其折射出的社会文化心理;徐来娟(2012)考察了"被××"格式的层级体系;张兰仙(2013)探析了"××盛宴"在词义和范围方面的泛化与扩展;李路瑶(2015)分析了词族"国民××"风靡的原因;姚晶(2015)探究了"××癌"的词汇特征及扩散原因;吴佳妮(2016)讨论了网络新兴词语模"×担当"的来源及词性;何文绚(2018)探究了"××哒"作为新词族的语法、语用功能及流行原因;徐艺萌(2018)分析了词族"佛系××"的渊源流变,并对该词族的语法功能、语义演变、语用拓展进行了考察;高秋玲(2018)考察探讨了2017年度流行语"尬×"的分布、语义和语法特征,并运用语素化和模因等理论作出了合理解释;伦昕煜(2019)通过对"云××"族新词语的构式考察,提出语言经济原则、隐喻及类推机制是"云"族新词语构式产生和发展的主要原因等。

新词族一旦出现,容易引起学者们的聚焦。我们在中国知网搜索发现,1995年5月到2010年5月,分析"×虫"词族的论文有27篇;2002年2月到

2010 年 2 月,讨论"×吧"的论文有 22 篇;2007 年 4 月到 2010 年 1 月,关注"×客"词族的论文有 36 篇;2006 年 9 月到 2010 年 4 月,研究"×门"词族的论文达 63 篇之多。可见,新的词族一经形成,学者们对它的关注度是极高的。虽然学者针对不同词族做了很多个案研究,可谓不胜枚举,但是学者的研究角度各不相同,而且多是分散的零星研究,未能建立一个综合的考察体系。这些个案研究都较为深入和精细,为我们开展系统性的研究打下了基础。

2.类词缀及汉语构词方式研究

(1)类词缀

类词缀的研究起源于古希腊和罗马时期,早期的研究主要基于对语料的观察和分析。随着语言学的发展,研究者开始提出理论模型来解释类词缀的起源、发展和变化。

吕叔湘先生(1942)在《中国文法要略》中提到"有一些常用组成组合式复词的成分(近似词尾)""应该随时留意",被认为是现代汉语类词缀研究的开端,但当时并未引发语法学界的研究兴趣,学界极少谈及类词缀。直到二十年后,吕叔湘(1962)在《说"自由"和"粘着"》一文中,又提到了"有点像词尾的成分",并列举"人、家、界、员、度、量"等例子,该文再次体现着作者对类词缀的理解与思索。类词缀问题真正引起学界的关注和重视源于赵元任先生(1979)的《汉语口语语法》,该书将类词缀称为"结合面宽的第一语素"和"复合词末了的结合面宽的语素"。同年,吕叔湘先生《汉语语法分析问题》提出了"类语缀"的术语,认为"存在这种类前缀和类后缀可以说是汉语语缀的第一个特点"。

20 世纪 80 年代,学者们对类词缀的研究兴趣浓厚。任学良(1981)在《汉语造词法》中提出了"准词头""准词尾"的说法。郭良夫先生(1983)在《现代汉语的前缀和后缀》中则采用了"新兴的前缀"和"新兴的后缀"的指称方式,认为"一个类前缀或一个类后缀,使用的次数多了,使用的范围广了,就会成为名副其实的前缀或后缀。"张静先生(1986)在主编的《新编现代汉语》中提到"稍有实义但正在虚化的词缀",并把它与"典型词缀"相区别,其实质即是"类词缀"。沈孟璎先后发表了《汉语新的词缀化倾向》(1987)、《略论新词语的特征》(1988)等文,探讨了词缀化倾向的一些特征。这一时期,虽然还存在"类语缀""准词尾"等不同名称,但是学者们已关注到类词缀与词缀的差异性。

20世纪90年代至今,汉语的词缀化倾向已成为当代汉语的一大景观,人们对类后缀的外延和内涵的理解不一致,学者们更加充分地意识到了汉语类词缀存在的复杂性、多样性与合理性,研究也取得了诸多进展。王绍新(1992)在《谈谈后缀》中专节探讨了"类后缀"的范围和界定,认为类后缀应该有个大致的范围,否则会导致无限膨胀。沈孟璎(1995)通过《试论新时期词缀化的汉民族性》《再谈汉语新的词缀化倾向》两篇文章,深入探讨了词缀化倾向对汉语词汇系统发展的影响。苏宝荣(2014)提出区分"虚化"与"类化(泛化)"两个术语,建议分别用"虚化"和"类化(泛化)"指称传统词缀的语义特征与"类词缀"的语义特征。刁晏斌(2018)以"××界"为例,运用充分的例证讨论了旧有类词缀在当代汉语的发展变化,提出旧有类词缀出现了旧类新例与新类新例两种情况,其深入研究对于当代汉语类词缀研究具有典型意义与价值。杨文全(2019)从"词语模"与"语言社会互动共变"两个角度出发,系统梳理了外源性类词缀"汉语化"的演化路径及其对汉语词汇系统的影响。

目前,关于类词缀的理论主要有这几种:构成主义理论认为类词缀是由词根和前缀共同构成的,前缀决定了类词缀的意义和性质。功能主义理论认为类词缀是语言功能的表现,是为了满足特定的语言需求而产生的。认知语言学理论认为类词缀是人类认知活动的结果,是人类对世界进行分类和组织的方式。此外,研究者还采用语料库分析、语义网络分析、实验研究等方法来研究类词缀。这些方法有助于揭示类词缀的结构、语义和功能。类词缀的研究对于理解语言的构成和发展具有重要意义。类词缀的研究还为词汇教学、语言学分析、语义理解等领域提供了有益的参考。例如,通过对类词缀的分析,可以更好地理解词的意义、用法和演变过程。同时,类词缀的研究也为计算机自然语言处理、语义网的构建等领域提供了理论基础。

（2）汉语构词方式

汉语构词方式一直受到众多学者的关注,有很多专著问世。在共时词语结构描写方面,陆志韦等（1957）详细且全面研讨了现代汉语构词法。孙常叙（1956）、任学良（1981）倡导造词法,也有进一步追溯成词理据的迹象。赵元任（1968）认为,唯有采取历史研究的方法才有可能解释,这也正说明了单一结构认定存在困境。尹斌庸（1984）、武占坤、王勤（1986）、周荐（2004）等,或从句法构词,或从语义分析,都体现了着力描写的特色。陆志韦《汉语构词法》共分析了 4 万个词,最后留下 100 多个词仍无从判断其类型。

近代汉语构词方式研究成绩斐然,如太田辰夫（1987）、江蓝生（1988）、蔡镜浩（1990）、王云路（1992）、方一新（1993）、蒋绍愚（1994）、吴金华（1994）、志村良知（1995）、汪维辉（2000）、周俊勋（2004）等,为古今汉语之间的联系研究奠定了厚重基础。

汉语构词方式的判定与语素的语法化程度密切相关。语法化研讨方面,沈家煊（1994、2002）、刘坚、曹广顺、吴福祥（1995）、杨永龙（2000）、张谊生（2000）、江蓝生（2004）、吴福祥（2005）、王灿龙（2005）、王兴才（2009）等,则在具体词语渊源、发展变化及其方法解释上做出了卓有成效的探究。复音词和复合词的构成问题也得到了相应的关注,如刘又辛（1982）、周生亚（1982）、廖序东（1991）、郭锡良（1994、2000）、李杏华（1996）、江蓝生（1998）、马真（1998）、李宗江（1999）、董秀芳（2002）、徐朝华（2003）、万献初（2004）、朱彦（2004）、何元建（2004）、邓志强（2005）、王云路（2007）等。

周士琦（1986）的词典《实用解字组词词典》专门确定合成词的词素义,冯志纯、周行健（1989）主编的《新编汉语多功能词典》首次给每个多音词标明了构词方式。现代汉语构词法的研究一步步走向深入,特别是在词典中给每个合成词确定词素义和构词方式,对语文教学和词汇研究有着积极意义。

刘叔新(1990)《汉语描写词汇学》运用描写主义语言学的思想和方法对现代汉语词汇进行了全面研究。李宇明(1999)在《词语模》中指出,"大多数新产生的词语,都有一个现成的框架背景,这一框架背景就像是造词的模子(简称'词语模')一样,能批量生产新词语,并使其所生产的新词语形成词语族。"词语模由"模标"和"模槽"两部分组成,"模标"是词语模中不变的词语,"模槽"是词语模中可以互相替换的词语。"词语模"造出的词语既符合语言的经济原则,又给人一种似曾相识的感觉,这一类词有一些共通的内涵在其中,用法也新颖别致。

与此相应,很多学者对附加构词法做了相关研究。比如王远新(2003)认为词族的大量出现,说明了附加构词法表现非常突出。在汉语的发展过程中,由于西方语言特别是英语的影响,附加构词法逐渐成为当代汉语中具有生命力的构词手段,特别是改革开放以后,显示出进一步发展的趋势。"吧、族、热"等词素已经有明显的后缀化倾向,如"网吧、酒吧、书吧、水吧、茶吧、静吧、劲吧""打工族、工薪族、上班族、坐班族、追星族、酷一族、漂族、吸烟族、名牌族""英语热、出国热、足球热、下海热、文凭热、旅游热、炒股热、电脑热、考研热"等。"软、高"等词素则逐渐显示出发展为构词前缀的趋势,如"软件、软科学、软环境、软着陆、软任务、软读物""高收入、高消费、高学历、高科技、高节奏、高污染、高分贝、高风险、高回报、高效率、高品位、高增长"等。汉语"词族"在形成和发展过程中,"与之组合的语素或词"可以不停变换,而"共同语素或词"不变。但是,一个词根在高频使用的诱发下,有可能会使自己的语素意义虚化,最后成为类词缀。当代汉语部分新"词族"现象与类词缀和附加构词法有密切关联。崔应贤(2019)《汉语构词的历史考察与阐释》综述了汉语构词法及汉语词缀的历史发展脉络,阐释了汉语构词的认知例句,并对个案词语的词汇化过程做了详细描述。

3.汉语新词语研究

(1)语音研究

进入 21 世纪以来,一些学者从语音方面探讨新词语的发展趋势。田宇贺(2003)在《当代汉语新词语的构成方式及音节发展趋势》中提出,当代汉语新词语可归纳为新造词语、外来词等六类,汉语新词语的音节构成向多音节方向发展具有一定的理据性。刘晓梅(2004)在《当代汉语新词语的词长考察》中通过计量分析认为,当代汉语新词语词长是以双音节为主导的复音化局面,它的词长极限是 1 至 12 个音节。这种词长的分布状态,有特殊性的一面,也有继承性的一面。刘吉艳(2008)《汉语新词语词群现象研究》认为,虽然新词语词群内部有三音化增多的趋势,但从目前情况看,这种趋势的影响还远不足以促使汉语构词法发生整体上的大变化,现代汉语仍然是以双音节为主,并以双音节为主要发展方向。聂汉琳(2010)《类推机制下的音响优先序列——新词产生的一个重要途径》通过考察大量类推机制下产生的新词,发现音响度优先这一重要原则,并从社会、交际、认知的角度解释了这一现象是由社会发展的需要、交际的需要、人的需要决定的。

(2)词汇研究

这方面的研究多从新词语的产生方式、构成特点、与修辞学的联系等方面进行探讨。沈孟璎(1988)的《修辞方式的渗入与新词语的创造》、姚汉铭(1989)的《新词语修辞造词探微》、周洪波(1994)的《修辞现象的词汇化——新词语产生的重要途径》、沈玉(2004)的《比喻式新词语多产原因浅说》等文章都从修辞的角度探讨了新词语的创造方式。较早探讨新词语语义的有赵金铭(1985)《新词义与社会情貌》、沈孟璎(1986)《新词语词义之概貌》等,这些文章侧重把新词语的意义和社会状况相结合,从互动的角度探讨语义。徐晔松(1998)《新时期新词新义探微》论及比喻引申和借代引申这两种词义扩展的方式。宗守云(2007)《新词语的立体透视》通过理论研究与个案分析相结合的方式,将新词语分为新词形、新意义和新用法三种,结合构词法理论、词义学理论、语用学理论对新词语进行了立体的透视。尤世勇(2008)《现代汉语新词语计量研究与应用》用计量的方式统计分析了新词语的语法特征及构词规则,从而推导出新词语语法特征的特点。周静(2010)《2007 年汉语新词语的特点分析》中指出新词语词性类别简单化明显,词长呈现增长趋势,出现了大量以词缀为标记的派生构词倾向,构词材料以汉语材料为主、兼有别样。

(3)工具书编纂

1987年,沈孟璎的《新词·新语·新义》和闵家骥等的《汉语新词词典》出版后,王均熙等《现代汉语新词词典》、韩明安《汉语新词语词典》、李行健等《新词新语词典》等多部新词语词典相继问世。这一时期,有些杂志还专门开辟了新词语研究专栏,如《辞书研究》和《语文建设》分别设立了"新词新义小集"专栏(1984.1—1988.1)和"新词新语用法专栏"(1986)。20世纪90年代初,国家语言文字工作委员会曾启动年度新词语研究项目,连续编纂、出版过4本年鉴式《汉语新词语》工具书,让我们对当时新词语的动态变化有了系统了解。

2006年开始,国家语言文字工作委员会公开发布汉语年度新词语,汉语新词语的研究受到官方关注。国家语言文字工作委员会科研规划小组办公室于2005年下半年启动了"新词语编年本"课题(项目编号BZ2005-09),具体研究工作由周荐教授带领的"南开大学词汇学与词典学研究中心"承担。至今,教育部语言文字信息管理司、国家语言文字工作委员会连续发布了《中国语言生活状况报告》(2005—2020),《2006汉语新词语》《2007汉语新词语》《2008汉语新词语》《2009汉语新词语》……《2023汉语新词语》,真实记录了2005年以来汉语词汇的发展变化,系统归纳了2005年以来出现的汉语新词语,让我们对这一时期汉语词汇发展轨迹有了清晰的了解。

(二)认知研究

1.隐喻理论

20世纪90年代以来,一些学者将认知语言学的相关理论应用于汉语新词语研究,开拓了新词语研究的新思路、新办法、新模式。

语义隐喻、语义抽象、语义含混为流行语的隐喻性语义泛化的三个阶段,隐喻性语义泛化对社会文化具有反映功能和传播功能(刘大为,1997)。词义的联想因素在新词语的构筑中发挥着不可或缺的功能,心理联想是新词语语义的衍生基础(马琳,2003)。隐喻是构造词语新义的一种方法,也是新词语语义的内在生成机制。人们从熟识的认知领域去投射另一领域,从而引申出新义(张荆萍,2004)。社会的发展变化必然催生新词语,隐喻是产生新词语的一种最经济的方法(江傲霜,2004)。基本等级词是创造新词的主力,新词的构成是基本等级词的原型意义衍生的结果(鄢春艳、刘建立,2006)。一个同语素词群经常关联多个词语模式,这些模式构成一个类似多义体系的发散模型,模式之间存在家族相似关系(朱彦,2010)。赵雪爱、赵玲(2008)《"粉丝团"的转喻和隐喻滑变》从转喻和隐喻思维角度分析了形形色色的"粉丝团"名称,并从相邻—相似关系探讨了"粉丝团"等社会流行语的认知理论基础、语用价值及发展趋势。宜艳(2018)考察了53个当代表人类词语模的模标与模槽特点,认为模标多含有极端义、爱好义、称谓义、性别义等语义特征。赵艳梅(2019)从当代汉语新词语前空型表人词语模的范畴化现象出发,将词语模的模标与模槽的语义关系分为泛指性、关系性、隐喻性三类,并对其进行分类探讨。

2. 模因理论

模因(Meme)的词源来自希腊语 mimeme,意为"模仿"。模因理论从外部传播学角度解释了词语模因的形成和传播过程。模因论是基于新达尔文进化论观点解释文化进化规律的一种新理论。该理论中的核心术语"模因",由新达尔文主义倡导者 Richard Dawkins(1976)在《自私的基因》(The Selfish Gene)中首次提出。他在描述基因作为复制因子这一特征的基础上,构想了存在于人类社会文化传递的复制因子。

何自然是将模因论引入国内语言学研究第一人。语言中的模因是在教育和知识传授过程中表现出来的:我们从别人那里学来的单词、语句以及它们所表达的信息在交际中又复制、传播给另外的人,当这些信息在不断地被复制、传播的时候,模因也就形成。如果把类推新词看作新模因,其产生是在原模因模式或特征参照的基础上通过模仿和联想而获得。从语言模因视角看,类推构词是模仿与创新的结合,是词模复制和传播的结果。语言模因揭示了语言传播的外部规律,相似的表达方式在语言传播中处于竞争状态,如果某一表达方式特别生动形象,就会被人们接受并得到广泛复制、粘贴和传播。例如,人们从"水门事件"引申出"×门"指极具爆炸性的丑闻,之后,人们在传播丑闻类事件时,选用"×门"的概率就会高于"×事件""×丑闻"。

模因论为语言引入了信息复制的观点。新词语得到复制,创造新词语的词汇框架也同样得到复制,形成了人和语言的互动模式,从中可见语言的变异和发展。模因理论着眼于语言及文化的外部传播机制的研究,较少涉及语言内部结构的深层探究。

(三)社会语言学研究

1.新词语与社会发展研究

20世纪80年代中期,改革开放不断推进,新事物大量涌入,人们的思想也逐渐解放,新词语大量产生,引起了我国语言学家的关注。著名语言学家吕叔湘先生(1980)在《语言作为一种社会现象》中说:"要求把语言作为一种社会现象来研究,这可以说是语言学的又一次解放……现在研究的范围更扩大了,研究工作者的事业更宽阔了,研究的方法也更细密更多样化了,可以预期有更丰富的收获。"1984年吕叔湘先生在《辞书研究》撰文呼吁"大家都来关心新词新义"。当时成立不久的语言文字研究所立即响应号召,专门成立了"新词新语新用法"课题组,着手搜集、研究新词语。自此,语言学界每年都会有一些新词语的研究论著问世,新词新语词典也是层出不穷。

从社会语言学的角度研究新词族、新词语的学术成果颇丰。20世纪80年代是汉语新词语研究兴起的时期。人们对新词新语等语言现象的研究呈现出多方位、多层次、多角度和立体化的趋势(王铁昆,1991)。陈原先生(1984)发表《关于新词条的出现及其社会意义》,以一个社会语言学者在北京街头所见所感为出发点,研究了57个主要新词语的社会价值。词汇发展变化的根源在社会,社会的发展变化必定反映在词汇上,通常在社会巨变之时,新词新义的涌现要比常时更迅速更及时(赵金铭,1985)。同时,人们创造性地使用新词语、新用法时会表现出诸多社会心理,比如求新、求雅、类推等,这些社会心理对新词义的创造和使用起着影响和制约作用(徐幼军,1988)。王铁昆(1988)从社会发展、汉民族心理以及中国传统文化等角度,探讨了新词新语使用的一些具体标准和规范原则。赵世开(1988)在《当前汉语中变异现象》一文中引入"变异理论"分析新词新语。王德春(1990)的《汉语新词语的社会文化背景》通过新词语内部结构与外部社会环境相结合的分析方式,阐释了新词语产生的社会文化背景与内部原因。王希杰(1991)通过新词语透视语言与社会的关系,并将语言与社会关系分为有实无名、有名无实、名实不符、名实不和四种类型。赖天能(2008)在171条新词语的社会学分析的基础上,探究了汉语新词语背后的社会文化信息。杨绪明(2014)认为族群式的新词语族聚特征,蕴含了当代社会"追求经济、讲究时效、类推求简、从众求新"的独特语言文化心理诱因,传达了深沉的社会关切。

李振杰(1987)、沈孟璎(1988)、张家太(1988)、梁兵(1991)、苏锡育(1994)、刘晓红(1998)、鲁启华(1999)、周永惠(1999)等人,都从"共变论"的视角出发,结合社会语言学的理论和方法拓展了新词语研究的维度。陈建民(1998)《汉语新词语与社会生活》提出新词语与社会生活密切相关,要从新词语观测各类社会、政治、经济、生活现象等。社会变迁对语言生活有着重要影响,要关注词汇与社会生活之间的共变关系(曾祥喜,2003)。宋作艳(2018)考察了近百年间尤其是改革开放之后,汉语词语模的形成及能产性原因,并讨论了词语模的发展走向与我国社会变迁之间的关系。边境(2023)梳理了《中国语言生活状况报告》(2016—2021)中的年度新词语,并从认知语言学、社会语言学等角度对这15年间的新词语进行调查和分析。李金静(2023)认为语言多样性既包括语言种类的多样性,也包括语言内部各要素的多样性。在生态语言学视角下,语言多样性作为语言生态的一部分,使某些语言结构得到更好地传播。

2. 新词语的预测和规范研究

徐国珍(1995)在《从空符号到新词—论词汇系统的特点及发展轨迹之一》

中指出,新词的产生受内部结构机制和外部语用条件两方面因素制约,词汇是开放有序的动态系统,从而为仿词的产生提供了可能。语言预测具有重要性和可行性(王希杰,1996)。周洪波(1996)《新词语的预测》从新词和新义两方面入手,根据已经显现的词语预测今后一段时间内可能出现的新词语,即对潜在词语做出预测。

有学者曾总结新词语的规范原则为必要性原则、明确性原则、高效率原则、互补性原则等。如今,多以国家语言文字工作委员会新词新语规范基本原则课题组在《新词新语规范基本原则》中提出的九大原则为指导,即必要的原则、丰富的原则、经济明白的原则、复合结构规律的原则、重视国际通用的原则、大汉语观、品位的原则、使用和动态变化的原则、引导的原则。新词语发展需要时间的检验,只有符合这些原则的新词语才能最终被汉语词汇系统所接纳。

3. 实证研究

(1)利用动态语料库研究

王铁琨、侯敏、杨尔弘(2007)《报纸、广播电视、网络用字用词调查》利用动态流通语料库,调查了 2005 年报纸、广播电视、网络等媒体的汉字、词语使用情况,并就调查结果进行了初步分析。曾小兵、杨尔弘与张普(2009)《首都平面媒体用字用语状况调查》选取了北京地区的 10 种主流报纸建成首都地区平面媒体动态流通语料库,对其中的用字、用语情况进行多角度多层次的考查与数据分析,涉及字词的频次、频率、使用率、覆盖率、构词能力、频比等多项指标。用计算语言学的研究方法在大规模真实语料中考查首都地区语言生活的"实态",探求其内在特征及外部规律。杨尔弘(2011)《媒体 5 年词语使用情况调查分析》以国家语言资源监测与研究中心对 5 个年度的媒体用字用语调查为依据,历时地比较了 5 个年度媒体词语的使用情况,包括年度词语的出现种类、使用频率的分布与变化。国家语言资源监测与研究中心的成立,便于对中国语言生活状况有更多定量的了解,便于对现代汉语应用状况进行实时监测及动态分析、统计和研究,从而对社会语言生活建立实时监测和规范引导的长效机制。2023 年,侯敏主编的《汉语新词语词典(2000—2020)》,收录了 20 年间产生的汉语新词语共 4200 余条,包括人工智能、信息处理、生物医药等新兴技术领域的词语。近年来,国家语言资源监测与研究中心、商务印书馆、人民网等单位每年都联合主办"汉语盘点"活动,经过语言监测、网友推荐、投票、评审等环节后,产生十大流行语,并向社会公布。《咬文嚼字》编辑部也每年向社会公布年度流行语及年度热词,通过对上榜词语的年度解读,让公众对这一年度的社会生活与语言生活有了更多地了解。郭伏良、侯丽(2022)基于语言监测对 2000—2020 年的 173 个汉语高频新词语汉语高频新词语进行了统计研究,通过对其进行动态观测与静态分析,探索了历时词频发展变化轨迹。

(2)部分新词语使用情况调查

谢俊英(2004)《新词语与时尚词语社会知晓度调查与分析》通过调查部分新词语和时尚词语的社会知晓度,分析了人群社会特征与新词语、时尚词语社会知晓度之间的关系,同时也对词频、词义、词的结构与知晓度的关系进行了探讨。教育部语言文字应用管理司文字处(2009)《关于网络语言、字母词、外语词使用情况及其影响和对策的调查》调查了网络语言、字母词及外语词的使用情况并提出了使用建议。谢蓓蓓(2009)《2007 年度新词语引起的思考》调查了 2007 年度新词语在大学生中使用情况,指出新词语发布应注重词语的公众知晓度和使用度,并探讨了新词语的发展问题。夏历(2018)、周明川(2019)分别就新词语的网络释义情况进行了调查与分析,刘笑(2019)将改革开放四十年作为一个时间跨度,调查分析了新词语在新时期的数量消长变化问题。另外,还有很多文章针对某些词语使用情况做个案调查,不再赘述。

以往研究多是就网络语言、字母词、新词语、外来词等做社会调查,未深入探讨类推机制与当代汉语新词族,也缺少词族构词模式下不同群体的语言态度、使用状况调查。

五、研究方法及语料来源

(一)研究方法

本书采用的研究方法包括"获取语料的方法"和"分析方法"两大类。

"获取语料的方法"主要包括文献法和田野调查法。通过文献法,收集并整理文献资料及日常生活(含网络生活)里出现的新词族,确定研究内容和总体指导原则。通过田野调查法,运用问卷调查、访谈、观察等方式,调查人们对新词族的认知率和使用率。

全面描写当代汉语词族面貌是本书研究的一个前提和基础,在描写基础上进行合理解释是研究的主要目的。分析时采用的方法主要包括统计分析法、社会语言学的变异分析法和综合分析法。统计分析法主要用来整理采集的语料,分析当代汉语新词族的使用情况及使用者的语言态度。社会语言学的变异分析法,主要用来分析使用者的社会变量(年龄、性别、职业、受教育程度等)对新词新语的使用及态度的影响,探讨共时语言的历时变异。综合分析法主要运用语言学、社会学、心理学、人类学等相关理论,探讨不同类型新词族的发展前景,为预测语言发展变化服务。

(二)语料来源

本书新词族语料主要的来源有:第一,教育部、国家语言文字工作委员会发布的年度《中国语言生活状况报告》收录的新词族及相关词语;第二,学术期刊里的相关学术论文,这些研究新词族的论文主要分布在《语文建设》"新词新语""语文生活""社会语文"栏目,《学语文》"汉语广角—新词新语"栏目,《语文学习》"教学—语言"栏目,《现代语文》"语言应用研究—社会语言学"栏目。作者拉网式搜集整理了上述期刊栏目中所有的有关新词族的文章;第三,《现代汉语词典》及各类新词语词典,如《新华新词语词典》《新词·新语·新义》《汉语新词新语年编》《汉语新词新语》等工具书;第四,人们日常生活(包括网络生活)中出现和使用的新词族及相关词语。

在语料获取上,本书采用文献检索、新词词典查找、观察积累相结合的方法。词典的编撰总是滞后于时代,且考虑新词的规范性和普及性,很多新词没有收录。研究对象总在不断更新、与日俱增,这就要求我们一方面以工具书为依据,另一方面进行持之以恒的观察,积累语料,在此基础上归纳、分类、总结规律。我们既注意到了时贤论著中提到的新词族例子,又通过中国知网、网络、电子报刊检索等手段,尽可能多地搜索和整理了近四十年产生的新词族,详见附录一和二。

第一章
当代汉语新词族的类型及特点

第一节　当代汉语新词族的类型

一、新词族的产生和应用领域

改革开放以来，我国社会发生着日新月异的变化，社会上的变化发展必然促使语言上发生创新与变化，语言方面的创新变化首要表现在词汇方面。改革开放以来，当代汉语新词迭出，这些新词语多聚焦在政治、经济、科技、社会生活等领域，以新词族的面貌集中展现。概括起来，新词族产生及应用领域主要有：一是科技用语，二是政治、经济等领域，三是社会生活领域。

这三个领域的新词族在人们语言生活中的地位不同。社会生活领域的新词族最活跃，可谓日新月异。人们容易感知、在语言生活中运用最多的也是这类词族。相对来说，政治、经济等领域的新词族和科技用语领域的新词族，人们的熟悉度较差，使用率也较低。

这三个领域的划分不是绝对的，例如"微××""×谷""零××""云××""半××""超××""次××""非××""类××""前××""亚××""准××""多××""全××""泛××""后××"，这些词族直接翻译自外文术语，开始使用范围多与政治、经济、文化、军事领域相关,而后逐渐向生活领域扩展,使用范围日益广阔。本书研究涉及的新词族多是生活领域用语,兼及科技术语和政治、经济等领域的用语。

二、新词族的构成形式

词族通常以某个语素为基础大规模出现,同一词族中的词均有一个语素(或词)表示共同意义,形成这个词族的外部特征;共同语素(或词)之外的词语表示该词(或词语)的区别性特征;一个词族中的词(或词语)按照同一构词方式构成。从构成形式上看,新词族的构成主要有两大特征:一是词族中的共同语素(或词)所在位置不同,有前有后;二是词族中的共同语素(或词)音节数目不同,从单音节到多音节都有。

1. 按共同语素(或词)的位置

根据共同语素在词族中占据的位置不同,可以将新词族共同语素分为前附式、后附式、前后附加式三种。其中插入式可以看作两个类推结构的叠加。

(1)前附式

"国民××""实力××""佛系××""绿色××""克隆××""硬核××""神仙××""山寨××""低碳××""假××""秒×""怒×""轻××""牛×""酷×""博×""雷×""网×""零××""的×""被××""丁×""尬×""软×""煲×""开×""换×""囧×""裸×""她×(他×)""拼×""准×""搞×""闪×""驴×""撞×""暖×""云××""微××""刷××"。

(2)后附式

"××哒""××盛宴""××脸""××狗""××猿""××担当""××系""××杀""×癌""×梗""×丁""×谷""×长""×商""×门""×客""×套餐""×情结""×主义""×贴士""×板块""×频道""×女郎""×秀""×族""×痴""×吧""×迷""×虫""×版""×姐(×姐姐)""×哥""×女""×男""×小姐""×霸""×奴""×嫂""×爷""×盲""×替""×巴""×托""×帝""×二代"。

（3）前后附加式

"零×工程""超×主义""后×主义""非×线化""非×主义""反×主义""超×意识""后×主义风"。

2. 按共同语素的音节

根据共同语素（或词）的音节数目,可以将新词族分为:共同语素（或词）为单音节的新词族、共同语素（或词）为双音节的新词族、共同语素（或词）为多音节的新词族,其中多音节共同语素（或词）构成的词族可以看作两个类推结构的叠加,例如可以把词族"零×工程"看作"零×"与"×工程"两个类推结构的叠加,可以把词族"后××主义"看作"后××"与"××主义"两个类推结构的叠加。

（1）单音节

"××哒""××脸""爆×""被××""丁×""×丁""尬×""×谷""假××""零××""秒×""怒×""轻××""×商""刷××""微××""她××""微××""云××""×长""×咖""撞×""暖×""××狗""××猿""×癌""梗×""××系""×梗""××杀""×门""×客""牛×""酷×""博×""×秀""×族""雷×""×痴""×吧""×迷""×虫""×版""×姐""×哥""×女""×男""网×""零×""的×""×霸""×奴""×嫂""×爷""软×""煲×""开×""×盲""×替""换×""×巴""囧×""裸×""她×（他×）""拼×""准×""搞×""闪×""驴×""×托""×帝""微×"。

（2）双音节

"实力××""××担当""硬核××""××女郎""××盛宴""佛系××""国民××""神仙××""×套餐""×情结""×主义""×贴士""×板块""×频道""绿色×""克隆×""山寨×""×女郎""×小姐""低碳×""×二代"。

（3）多音节

"零×工程""超×主义""后×主义""非×化""非×主义""反×主义""超×意识""后×主义风"。

三、新词族的语义

1.按共同语素语义演变方式

当代汉语新词族大致包括两类:一类是对应和反映新事物的词族,这类词语从内容(词语的所指)到形式(词形)都是新的;另一类是对应和反映已有事物的词族,它在形式上是新的,而内容上却是旧的。

按共同语素语义演变方式,可以把新词族分为积淀型(显性)与偶发型(隐性)两类。积淀型(显性)词族共同语素是旧的,共同语素在汉语历史的长河中,经过长期积累逐渐沉淀下来,形成了颇具规模的新词族,如"×男""×女""×长""暖×""××杀""秒×""怒×""××脸""××猿""××狗"等。偶发型(隐性)词族共同语素是新的,共同语素受某些事件影响促发产生,如词族"×吧""×门""×贴士""×秀""佛系××""硬核××"等,"吧""门""贴士""秀""硬核"等共同语素来自英语,"佛系"来自日语,这些共同语素对于汉语来说是新的,它们在特定的时机下通过语言接触传到国内,形成了一定规模的新词族。

积淀型词族又可以分为两类,一类是通过使用旧材料与旧格式,反映了新意义与新现象,相当于是旧瓶装新酒,例如词族"×男""×女""×哥""×姐""×霸""×帝""××脸"等,这类词族的共同语素及构词模式都是汉语中与生俱来的,当代社会赋予了这类词族的共同语素更多的新的义项。还有一类是通过使用旧材料与新格式,反映了新意义与新现象,例如词族"国民××""山寨×""软×""暖×""××杀""秒×""怒×"等。

2.按词族的语义色彩

词族的形成反映了不同社会阶层对同类社会现象的广泛关注,内容自然有褒有贬。根据类推结构语义色彩不同,可将新词族的语义色彩分为贬义词族(例如"×门""假××""尬×"),中性词族("云××""×吧"),褒义词族(例如"暖×""绿色××""神仙××""国民××""××担当""××盛宴""硬核××""实力××")、内部色彩不一致的词族(例如"×秀""×控""秒××""怒××"

"×咖""刷××""实力××")以及不好区分褒贬的词族(例如"丁×")。

部分当代汉语新词族语义色彩鲜明,例如"×门"一般是"丑闻"义,"尬×"多表达"尴尬"之意,呈现明显的贬义倾向。"神仙××""国民××""××担当""硬核××"这类词族充满人们的赞美与羡慕,呈现明显的褒义倾向。还有一部分词族仅陈述客观物质与现实,没有褒贬之意,例如"×吧"仅表示地点义,"云××"仅表示虚拟之意。

然而,当代社会价值观、生活方式多元化,出现了部分内部色彩不一致的词族。例如词族"刷×","刷机""刷脸""刷阅读"呈中性色彩,"刷单""刷信誉""刷销量"则为贬义。又如词族"实力××","实力网红""实力歌手""实力买家秀""实力宠粉"呈褒义色彩,"实力哭泣""实力表白""实力小哥"呈中性色彩,"实力打脸""实力单身""实力坑爹"则为贬义。再如词族"×咖","科学咖""A咖"呈褒义色彩,"怪咖""烂咖""逊咖"则为贬义,"吃货咖"则调侃意味明显,需要根据语境具体判定褒贬。

同时,出现了许多褒贬不好判定的词族,例如"丁×"词族内部有"丁克""丁期""丁狗""丁宠""丁啃"等成员,该词族仅与个人生活方式和人生选择有关,所以语义色彩不好轻易下定论。也有学者认为"丁族词"的产生反映了"新新人类"渴望摆脱传统婚姻观念的束缚,选择新的家庭模式,是时代进步和经济发展的一种标志。"丁族词"的产生与兴盛,体现了新时期的社会文化现实以及与之相呼应的社会文化心理。①

另外,当代社会工作压力加大、生活节奏增快,部分词族调侃意味明显,有的有明显的"自黑""自嘲"倾向,所以这类词族不好区分褒贬,或者只能说这类词族呈现"中性偏贬"的语义倾向。例如"××猿""××狗"等词族,族下成员有"学术狗""工科狗""IT狗""程序猿""公务猿"等词语,这类词语没有明显的贬义,但是将人"动物化",可以理解成该词族暗含"中性偏贬"的语义倾向。

---

①　李小格."丁"族新词探微[J].现代语文,2016(6):120-122.

3.按共同语素的语义是否虚化

词缀、类词缀并不等同于词族中可以类推的"共同语素",只是其中一部分,不能涵盖全部。我们可以把词族的共同语素分为三类:第一类,共同语素为词根,例如"山寨×""裸×""拼×""国民××""××盛宴""佛系××""××担当"等;第二类,共同语素为词缀,例如"×性""×化""××哒"等;第三类共同语素为类词缀,即处于词根与词缀发展过程的中间状态,例如"非×""×族""×客""云××""轻××""××狗""××猿"等。

第一类词族的共同语素,有着明显的实在意义,我们无法把它们归为词缀或类词缀。从位置上讲它们位于词族中的前部,从音节上讲有的是双音节的语素(比如"山寨×"),从意义上讲它们有实在意义,只是共同语素的意义开始发生泛化或类化,我们很难称这样有实在意义的双音节语素为前缀。第二类词族中的共同语素,意义明显过于虚化,比如"××哒"的"哒"只表示"的啊"的合音,本身就是语气词,属于虚词范畴,所以可以归为词缀。更多的是第三类词族,意义明显虚化,离其原始义相去甚远,但是还保留部分残存语义。尽管这三类词族共同语素语义的虚实分别处于三个不同等级,但"语义的泛化或类化"是词族的一个共同特征。

4.按共同语素的来源

按共同语素的来源,可以将其分为来自外语和来自汉语两类。其中来自外语的共同语素尤以英语和日语居多。不少新词族的共同语素来自外语,比如"硬核××""云××""×门""×客""酷×""××Style""博×""×秀""×族""×吧""×版""网×""零×""低碳×""的×""软×""×巴""裸×""她×(他×)""闪×""驴×""×托""山寨×""准×""克隆×""×控""×贴士"。这些词族中的共同语素绝大部分来自英语,例如"硬核××""云××""×门""×吧""×贴士""低碳××""零××"中的共同语素"云""门""吧""贴士""低碳""零"分别由英文单词中的词缀"hardcore""cloud""gate""bar""tips""low carbon""zero"音译或意译而来。部分词族的共同语素来自日语,比如词族"×控""×族"

"宅×""佛系××"中的共同语素"控""族""宅""佛系"来自日语。"控"主要来自日本动漫,之后渐渐从动漫届扩展到社会生活各个领域。"佛系"一词最早出现于 2014 年一篇人民网的报道,报道称日本某杂志介绍最近流行的一个男性新品种——"佛系男子"。①

共同语素来自汉语本身的词族占据了新词族的主要阵地,例如"国民××""××担当""刷×""暖×""×猿""××盛宴""神仙××""实力××""牛×""×女郎""雷×""×迷""×痴""×虫""×姐(×姐姐)""×哥""×女""×男""×小姐""×霸""×奴""×嫂""×爷""煲×""开×""×盲""×替""换×""拼×""×套餐""×情结""×主义""×板块""×频道""绿色×""×帝"。

当然也有共同语素来自汉语方言的词族,比如"×爷",源自北京口语。又如"雷×"一说是出自浙江东北部方言,一说来源于日本动漫。关于"雷"新用法的来源,主要有两种观点:一说是出自浙江东北部方言,指别人说的话难以理解,感到很诧异,与当代流行词"晕倒""无语"等类似;一说来源于日本动漫,动漫作品往往用被雷电劈中的画面来表现人物碰到出乎意料、异于常理的情况时的反应。② 再如"××咖",来自闽方言,指称"在某方面表现突出的人"。

还有的词族共同语素来自古代汉语,在当代社会却被赋予新义,例如"囧×""×帝"等。"囧"在古代汉语中表示明亮,在当代汉语中人们把它想象成了一张愁眉苦脸的脸,赋予它尴尬之意。"帝"在古代汉语中表示帝王,在当代汉语中,表示某方面较为厉害或别出心裁的人。

5. 按词族的语义类别

按照新词族的语义类别,我们可以将其分为纯指称人的词族、纯指称事物或现象的词族、兼指人和事物的词族。

(1)纯指人的结构

"×客""×虫""×族""×女郎""×姐姐""×姐""×哥""×小姐""×奴"

---

① 徐艺萌. 网络流行语"佛系×"[J]. 现代语文,2018(9):143-147.
② 陈颖. 超流行的"雷"[J]. 辞书研究,2010(3):188-189.

"×嫂""×爷""×盲""×迷""×替""×托""×痴""×女""×男""的×""×控""×帝""×狗""××猿""××女郎"。

（2）纯指物或现象的结构

"×门""×秀""×吧""×版""网×""零×""软×""煲×""开×""换×""×巴""她×（他×）""拼×""搞×""×套餐""×情结""×主义""×贴士""×板块""×频道""绿色×""××脸""××杀""××云""××哒"。

（3）可以兼指人和物的结构

"牛×""酷×""博×""囧×""雷×""低碳×""闪×""准×""克隆×""硬核××""山寨×""×二代""国民××""神仙××""尬×""假××""实力××""暖×"。

纯指称人的结构容易辨认，一般包含有"人称类"共同语素，比如"×客""×咖""×姐""×男""××女郎"，也有的共同语素由自黑自嘲而来，比如"××狗""××猿"。纯指称事物或现象的结构也相对容易辨认，不太容易辨认的多为可以兼指人和物的结构，比如词族"博×"，其成员有的可以指称人，如"博客"，有的词族成员又可以指称事物，如"博友""博龄"等。如词族"硬核××"，指称人时有"硬核男友"，指称事物时有"硬核回怼""硬核喜剧""硬核说唱"等。又如词族"神仙××"，指称人时有"神仙姐姐"，指称事物时候有"神仙水""神仙操作""神仙考题"。

四、新词族的功能

从词族的整体性质、词族中共同语素的性质、变动语素的性质以及词族形成过程中组合能力大小来分别考察新词族的功能。

1. 词族性质

属于名词性质的新词族数量较多，这与新事物、新现象、新人群不停出现，迫切需要新的词语来指称有直接关系。整体来看，新词族主要是名词性质、动词性质、形容词性质或者名动形的兼类性质。

（1）名词性

"××脸""××盛宴""丁×""×丁""×谷""假××""×怒""×商""××云"
"×长""×咖""暖×""××癌""××猿""××狗""××担当""她××""××女郎"
"×门""×客""牛×""酷×""博×""×秀""×族""雷×""×痴""×吧""×迷"
"×虫""×版""×女郎""×姐姐""×姐""×哥""×女""×男""网×""零×"
"×小姐""低碳×""的×""×霸""×奴""×嫂""×爷""软×""煲×""×盲"
"×替""×巴""囧×""她×（他×）""准×""闪×""×托""×套餐""×情结"
"×主义""×贴士""×板块""×频道""绿色×""克隆×""山寨×""×女郎"
"×控""×帝"。

（2）动词性

"换×""裸×""拼×""搞×""被×""秒×""刷××""撞×"。

（3）形容词性

"××系"。

（4）名词性质或动词性质

"尬×""云××""微××""硬核××"。

（5）动词性质或形容词性质

"××哒""怒×"。

（6）名词性质、动词性质或形容词性质

"爆×""轻××""实力××""佛系××"。

2. 共同语素的词性

共同语素的词性主要是名动形三类,也有少量的区别词、代词、语气词、
副词、介词、字母词充当了变动语素。

（1）名词性

"云××""××门""×客""博×""国民××""××担当""×族""雷×""×吧"
"×虫""×版""×女郎""×姐姐""×姐""×哥""×女""×男""网×""零×"
"×小姐""低碳×""的×""×癌""××系""××狗""××猿""×霸""×奴""×嫂"
"×爷""×盲""×巴""×套餐""×情结""×主义""×贴士""×板块""×频道"

"绿色×""山寨×""×女郎""×帝""×二代""实力××""硬核××"。

（2）动词性

"换×""拼×""搞×""×秀""×迷""煲×""×替""闪×""×托""克隆×""刷×""撞×""××杀"。

（3）形容词性

"牛×""酷×""×痴""囧×""准×""微×""尬×""轻××""微×"。

（4）区别词性

"×女""×男""软×"。

（5）代词性

"她×（他×）"。

（6）语气词

"××哒"。

（7）副词

"爆×""怒×"。

（8）介词

"被××"。

（9）外来词

"××Style"。

3. 变动语素的词性

通过对附录（二）的归纳、整理，考察发现新词族中变动语素成分主要是：名词性、动词性、形容词性、区别词、名动兼类词五类，但也有少量的字母词、拟声词、数词。比如词族"××盛宴"，词族成员的变动语素成分有名词性的，如"汽车盛宴""足球盛宴""文物盛宴"；变动语素成分也有形容词性质的，如"腐败盛宴"，变动语素成分还有名动兼类词，构成了"视听盛宴""科普盛宴""服务盛宴"；除此之外，还有字母词作为变动语素，如"WTO盛宴"。又如词族"××哒"，变动语素既有动词性成分，构成了"谢谢哒""学学哒""亲亲哒"；变动语素也有形容词成分，构成了"萌萌哒""胖胖哒""帅帅哒""美美哒";变动语素也有拟声词成分,构成了"么么哒"。再如词族"××云",既有名词性成分作变动语素,构成了"阿里云""百度云""华为云";又有动词性成分作变动语素,构成"导航云""存储云""托管云";还有区别词作变动语素,构成了"私有云";甚至还有数词作变动语素,构成了"360云"。总之,词族中"变动语素"的词性,既由表达的内容和需要决定,也受共同语素词性、语义、位置的制约和影响。更多例证见附录(二),在此不再赘述。

4.词族组合能力大小

根据词族类推能力的大小,即形成词族过程中结合面的宽窄,我们将其分为:结合面宽的词族与结合面窄的词族。例如,词族"硬核××""××哒""云××""实力××""××担当""×门""×吧"被社会大量复制使用,我们认为它的结合面较宽;而有的词族,如"的×""囧×""丁×""梗×",产生的新词数量有限,能产性较弱。不过,结合面宽窄是相对而言的。不同词族类推能力大小不同,我们认为既有词族本身结构功能方面的原因,也有是否被社会需要、认可、青睐等方面的原因。

第二节　当代汉语新词族的结构和使用特点

当代汉语新词族符合现代汉语构词一般规律。在信息时代,新词族的产生可谓日新月异。除了具有速度快、新出现等表象特征外,新词族从产生到定型再到继续使用或者淡出,还有很多其他特点。下面,结合新词族的分类,我们从领域、形式、语义、功能、语用等角度分别考察。

一、领域

新词族涉及的领域有:科技、政治、经济、生活等领域。但是普通大众最了解、最关注的却是生活领域的新词族及相关新词语,因为它和人们的日常生活息息相关,渗透在人们生活的每个角落,而且这部分词族及相关新词数量多、活跃度高、变化快。政治、经济等领域的新词族也受人们关注,这些词族及相关新词的知晓率也较高。科技领域用语这部分词族及相关新词受人群关注面较窄,被大众接受也较为缓慢。

新词族虽然范围大,但在人们的知晓率、使用率方面有认知和使用差异。另外,词族所涉及的领域并不单一绝对,而是会随着发展发生一定变化。如词族"×门"随着语义从"丑闻"过渡到"事件",它的使用领域也发生了变化,由政治领域扩展到了体育、经济、娱乐等其他领域。又如词族"××癌"本义表疾病,现语义从"疾病"过渡到了"着迷、沉醉",使用领域也发生了变化,从医学领域发展到了社会生活的各个领域。再如词族"云××",从"云盾""云地图""云物联"发展到"云菜场""云监工""云健康",说明使用领域从智能技术领域发展到了社会生活领域。

二、形式

1. 按共同语素(或词)的位置

新词族中共同语素的位置,有前附式、后附式,还有前后附加式。从数量上看,后附式比前附式和前后附加式略多。

2. 按共同语素的音节

新词族里的共同语素(或词)有单音节也有双音节,前后附加式三音节的共同语素可以看作是两个词族的叠加。

正因为新词族中共同语素的位置,有前附式,有后附式,还有前后附加式;共同语素的音节,有些是单音节还有些是双音节,所以,汉语里很少有前附式或是前后附加式且是双音节的词缀或类词缀。这也从侧面证明,能类推的新词族的共同语素(或词)绝不局限于词缀和类词缀,还有相当的一部分是有实在意义的语素或词。

当代汉语新词族中共同语素对变动语素的音节数目有一定的影响和限制。一般一个词族类推结构有一个典型的音节搭配模式,比如词族"××担当""硬核××""绿色××""××套餐""××门""国民××"中的"××"一般多是双音节,而词族"×霸""×长""×丁""爆×""秒×""怒×"中的"×"以单音节居多。也有的类推结构搭配单音节和双音节语素现象都很普遍,如词族"×吧",搭配单音节有"网吧、水吧……",搭配双音节有"报刊吧、彩票吧、零点吧、小说吧、资源吧、财经吧"等。又如词族"××咖",搭配单音节语素有"大咖""A咖",搭配双音节语素有"科学咖""电影咖""综艺咖"。

　　类推构词,一般是以某个或某几个词为原型,通过替换其中的某个语素(或词)的方式创造新词的过程或结果。我们把作为类推依据的某一个或几个词称为"典型词",比如一说到词族"×吧",我们知道形形色色的"×吧"都是受"酒吧""网吧"的影响。我们就把"酒吧""网吧"这样的词叫作"典型词"。"典型词"具有出现时间较早,影响力较大等特点。

　　"典型词"和"原型词"有时一致,有时不一致。"原型词"是词族中出现最早的那个词,很多词族的"原型词"较难考证,它的产生往往与某一具体的"另类"人、事或表达方式相关。它们激发了人们进一步生发的动因和欲望,最后形成了"词族"。人们在创造其他新词的时候,有时是受"典型词"特点的影响。我们可能不知道这个词族的"原型词"是哪个,但是词族中的"典型词"一定很熟悉。比如"云××"词族,哪个词是"云××"中最早的原型词我们并不一定能准确判定,但是"云闪付"可能是该词族中的"典型词"。需要提出的是,词族中变动语素的音节数目既受共同语素的音节和语义等方面制约,也受该类推结构的"原型词""典型词"影响,还受韵律特征的限制。

　　3. 从词族音节看

　　新词族的音节数目,既由表达的内容和需要决定,也受共同语素的影响和制约。新词族生成的新词语没有单音节形式,都是双音节以上。因为新词族以单音或双音节为共同语素居多,这些单音节语素除搭配单音节语素外,也多半搭配双音节或多音节语素或词,如词族"绿色××""××套餐""硬核××""零××"中的"××"一般是双音节,加上变动语素,一般构成三或四音节的词语;"×霸""×客""×迷"中的"×"多是单音节,加上变动语素,构成双音节或三音节的词语居多;再如"××族"(打工族、工薪族、追星族、飞车族、炒股族、网络族……),"××云"(阿里云、导航云、苹果云、盛大云、智能云、存储云……)通常是三个音节组成的词族;"绿色××"(绿色汽车、绿色冰箱、绿色包装、绿色效益、绿色消费、绿色管理、绿色开发、绿色星期天……),"实力××"(实力碾压、实力对比、实力圈粉、实力心疼、实力表白、实力入镜、实力路转粉……)则为四个和四个以上音节组成的词族,这就打破了现代汉语词语长期以来双音节占多数的格局。不过,同一词族中词的音节可以不相同,如词族"×吧"中的"网吧"是两个音节,"聊天吧""约会吧""击剑吧"则是三个音节。词族"刷×"中的"刷题""刷帖""刷街"是双音节词语,而"刷积分""刷信誉""刷存在感""刷访问量"则分别是三音节或四音节词语。

2010 年,国家语言资源监测与研究中心从国家语言资源监测语料库中提取出新词语 500 条。从词语长度看,数量排在前面的依次是三字词语、四字词语、二字词语。三字词语占 52.80%,是全部年度新词语的一半多,而且几年来一直走高,比 2009 年度高出 1.99 个百分点,比 2008 年度高出 5.37 个百分点。四字词语占 22.60%,比 2008 年度低 5.25 个百分点,比 2009 年度高出 5.18 个百分点。二字词语占 17.00%,比 2008 年度高出 1.68 个百分点,但比 2009 年度回落了 1.69 个百分点。三字词语比例持续增高,与近几年多用热门格式造词有关。2010 年除了持续 2009 年的"被××、楼××、×门、×族"外,"×哥、×姐、×帝、×体"以及由"微博"衍生出的"微×"特别活跃。①

古代汉语单音节词多,现代汉语双音节词、多音节词多。在语言表达的严谨化和语音简化的促动下,词语音节的增加势在必行。汉语在词语内部形式上的调整,使词族系统中三音节新词大量增加,现代汉语词汇中不太发达的词缀系统出现了变化:有词缀化倾向或语义发生泛化、类化的语素数目在增加,其引申义在增多,共同语素的使用范围也在扩大。

---

① 教育部语言信息管理司.中国语言生活报告[R].北京:商务印书馆,2011.第229 页.

三、语义

1. 按共同语素语义演变方式

新词族不论是旧材料运用旧格式的组合，还是新材料运用新格式的组合，一定构成了新意义（词义），即共同语素在新词族的形成之时被赋予了某些新的语义，而且在发展和使用过程中语义得到了不断扩展和变化。

有些新词族的共同语素是新的，如"微××""×云""×吧""×门""×贴士""×秀"中的"吧""门""秀"；有些新词族共同语素本身是旧的，如"×族""×男""×女"。有些词族的共同语素本身就是旧的语素，但是现在与过去相比意义有变化，这也证明了汉语的部分词语作为词族中的共同语素时再造词语能力极强，如词族"××猿"（程序猿）、"××狗"（IT 狗）中的"猿""狗"属于词语的比喻义；"软××"（软着陆）、"轻××"（轻创业、轻旅行）中"软""轻"属于词义引申；"山寨×"（山寨手机）中的"山寨"是词义的再扩展；"绿色×"（绿色消费、绿色效益）中的"绿色"是词义的转变；"×哥"（犀利哥）属于活用。

总之，一部分新词族是旧的材料、新的表义方式；另一部分新词族是新的材料、新的表义方式，相互之间发生了新的组合，在组合里赋予了新的含义。

2. 按词族的语义色彩

整体来看，中性色彩的词族居多。新词族大多是某些社会现象或人群的指称，是当今人们社会意识和心理的直接反映，一种全社会的新锐话语形式。人们使用这些新词时的调侃性、娱乐性较强，例如词族"××狗""××猿"多为调侃之义。还有很多词族的语义色彩不好判定，例如"佛系××"究竟是好还是不好，与个人的生活态度有很大关系，见仁见智。

不过，词族在形成及演变过程中，语义色彩也会发生变化。如，"×门"在开始运用时，贬义居多，"门"的含义基本等同于"丑闻"。后来"门"的语义色彩开始淡化，走向中性，"门"的含义基本等同于"事件"。还有部分词族内部的语义色彩不统一,例如词族"实力××","实力坑爹""实力打脸"为贬义,"实力碾压""实力好看"则为褒义。

3. 按共同语素的语义是否虚化

"语义泛化"是词族的一个共同特征,只有一部分"虚化"到了"类词缀"程度上,还有相当部分只是语义开始演变。词族和类词缀有交叉重合的关系,并不对等。词族是一种现象,是一组具有共同语素且共同语素语义相关词语的聚合。"语义泛化"是词族中共同语素的共同特点,词族正是在语素的"非核心义素"不断脱落、泛指义凸显的过程中形成的。

一部分词族中的共同语素发生了语义的虚化,还有相当部分词族的共同语素暂时处于语义多样性和扩大化的阶段,只是发生了语义的泛化和类化,没有发生虚化,因此,不能全都列入词缀或类词缀的范畴。

4. 按共同语素的来源

在语言接触的影响下,外来词容易成为词族的共同语素,如:"硬核××""低碳×""×吧""零××""×门"等,从英语借来的共同语素有"硬核""低碳""吧""零""门"等;从日语里借来的共同语素有"宅×""×控""×族""佛系×""萌××"中的"宅""控""族""佛系""萌"等;还有的共同语素属于汉语旧词赋予新义,如"雷""裸""囧""×帝""××狗""××猿"。新词族中的共同语素具有多源性,除了外语,普通话、方言都是词族中共同语素的来源地。

部分词族借入汉语后仍与外语保持着同步的、一致的发展方式,如词族"×门"。"水门事件"(Watergate)之后,"×门"经常用来指政商界丑闻,如"Intelligencegate"(情报门)、"Camillagate"(卡米拉门)、"Spygate"(特工门)、"Filegate"(文件门)……汉语借入后,也同步创造了新词,但使用范围得到进一步发展,出现了如"博客门""秘书门""招生门""诚信门""质量门"等。可以说,"门"在英语和汉语中的语义特征、感情色彩是一致的。

部分词族借入汉语后开启了独特的发展方式,如"×族"。日语中的"族"源自古代汉语,原指祖先相同的同族人,例如汉代贾谊的《过秦论》中有"山东豪俊遂并起而亡秦族"。之后,"族"又可指"同类",例如《淮南子·傲真训》有"万物百族"。日语引进"族"后,在保留了"祖先相同的一类人"和"同类"的语义的基础上,又衍生出了"具有相同的另类思想和行为的人"的语义,但"×族"多用于贬义,表"另类和个性的人"。因汉语与日语语言接触频繁,且"族"本身就是汉语词,"×族"的构词方法很快倒流回汉语,并产生了很多"×族"新词,如"上班族""考研族""打工族"等,但均无贬义色彩。

此外,还有一些"×族"词语,虽然日语与汉语的表达形式相同,意思却完全不同,如日语中"月光族"是指傍晚在海边亲昵依偎的浪漫情侣,而汉语中是指工资到月底就全部花光的人。日语中"暴走族"指深夜在马路上暴走且大声喧哗扰民的人,贬义色彩浓厚,汉语中"暴走族"仅指长时间长距离地走路锻炼身体的一类人,无贬义色彩。

5. 按词族的语义类别

近年来,反映多元人群的词族新增是新词族的亮点之一。此外还有许多专门指称新事物和现象,或兼指人和事物的词族。新词族的类推过程一般是"由物及人",如先出现了"面的""摩的""飞的""轿的""驴的",继而会有"的哥""的姐",类推的结果是实现由物及人的"全覆盖",并且从数量上看,"物多于人"。

四、功能

1. 词族性质

新词族标示词性的功能较强。根据我们对语料的整理发现,新词族词性绝大多数是名词性、动词性、形容词性。新词族大多是名词或动词性质与新事物大量涌现、需要词语来指称有关。有些词族的整体性质具有内部的一致性,如"×吧""××脸""××谷""××怒"词族里的全体成员都是名词性质;有一部分词族共同语素为动词性,后面搭配了名词性的语素或词,词族词性自然是动词性,如"拼×"(拼房)、"撞×"(撞衫)、"刷×"(刷机)词族里的全体成员都是动词性质;还有一部分共同语素作状语,为非动词性的语素,但其后一般搭配动词性的语素或词,因此,整体词性还是动词性,如"秒×"(秒赞)。

有些词族的全体成员不具备内部的一致性,如词族"裸×"里的"裸考"是动词性质,而"裸工资"是名词性质;词族"实力××"里的"实力网红""实力吃货"是名词性质,而"实力翻拍""实力心疼"则是动词性质;词族"佛系××"里的"佛系演员""佛系室友"是名词性质,"佛系追剧""佛系集赞"是动词性质,"佛系呆萌"则为形容词性质。

一般来说,后附式词族即共同语素位置在后的词族,更容易标示词性,词性较单一,这是共同语素的语义和词性决定了整个词族的性质和功能,整个词族一般为名词性质。如词族"×吧"通常为名词性质,因为"吧"是地点义,因此这个类推格式全是名词性质的,另如"××盛宴""××咖""××癌""×族""×秀""××担当""××脸"等偏正式的词族结构决定了整个词族的名词性质。

前附式即共同语素位置在前的词族,若共同语素是动词或名词,也容易标示词族的词性,词族的整体性质由其共同语素的性质决定,如词族"晒×""拼×""刷×""撞×"的共同语素性质为动词,因此"晒×""拼×""刷×""撞×"整体也是动词性质;"吧×""的×""国民××"的共同语素性质为名词,"吧×""的×""国民××"整体也为名词性质。如果前附式词族的共同语素为代词,一般词族的整体性质也为名词性质,例如"她××"词族里的"她时代""她经济""她智慧""她魅力"都是名词性质。

前附式即共同语素位置在前的词族,若共同语素是形容词,构成的词语则呈现多种词性,如"热×"这个类推结构构成的词既有"热销、热播……"又有"热宅、热词……","热×"词族构成的词语既有动词性质的又有名词性质的。再如"准×",既有"准期货、准科学、准系统……"又有"准完美、准公平、准下流……",词族"准×"构成的词语既有名词性质的又有形容词性质的。这类前附式词族构成词语的词性一般由后面的变动语素"×"的性质决定,如果后面变动语素是名词性质,那么前附的共同语素在构成的词语中充当定语;如果后面变动语素是动词性质或形容词性质,那么前附的共同语素在构成的词语中充当状语。如"裸×"结构中"裸聊""裸文化"的"聊"和"文化"分别是动词性质和名词性质,决定了"裸聊"和"裸文化"也分别是动词性质和名词性质;"微论文"结构中的变动语素"论文"为名词,决定了"微论文"也为名词性质;"观察"是动词性质,决定了"微观察"也为动词性质。

新词族符合现代汉语一般构词规律,但在类型分布上呈现一些差异,例如偏正结构的新词语词族数量较多,其他结构的词族数量相对较少。其中形名结构的词族,即中心词是名词的词族所占比重较大。因为新事物和新现象的大量涌现需要人们用词语来标记和指称,而且形容词和名词可以双向搭配,一个形容词可以搭配多个名词,一个名词也可以受多个形容词修饰。因此,形名结构的新词语词族能产性极强,名词性的词语(指称性)也较多。

与之相比,动宾结构的词族数量相对较少,因为动词和名词只能单项搭配,词族内的共同语素多为动词性,可以与多个名词性语素或词搭配,反过来,一个名词性语素很少出现与多个动词性语素搭配构成词族的情况。

2. 共同语素的词性

词族中共同语素词性一般有动词("拼×")、形容词("裸×")、名词("×奴")、区别词("低碳×")、副词("怒×")和代词("她×")六类实词,偶尔有介词("被××")、语气词("××哒")等虚词,这六类词在汉语词类的连续统中紧密相依。副词用在动词或形容词前,表达程度之意。动词、形容词和名词三类词述谓性依次减弱,而指称性依次增强。区别词一端是形容词,另一端则是名词。代词(代替名词、动词、形容词)在功能上又和名词、动词、形容词一致。此外,标记理论(男、女)在类推词族(如"×男""×女")中发挥了重要作用,通过标记,词族"×男""×女"带上了明显的名词性质。

3. 变动语素的词性

共同语素以名词性、动词性、形容词性语素居多,与共同语素进入搭配结构的也多是名词性、动词性、形容性的语素,因为动词、形容词易和名词搭配构成动宾型合成词,形容词性语素和名词性语素则常与名词性语素搭配构成偏正型合成词。区别词在汉语词类的连续统中,性质介于名词和形容词中间,所以也容易进入搭配组合结构。

五、语用

当代汉语新词族现象对语用主体的价值,主要体现在人们可以方便地采用较低的表达成本和理解成本去获取较为明显的交际效益。新词族在语用方面差异较大。

1.语体及使用领域的差异

一方面是语体差异,比如"×爷"具有较明显的口语体特征,该词族变动位置上也都是口语体的语素或词,它构成的词语有"侃爷、款爷、膀爷、板爷、倒爷"等,与之相对的书面语色彩较浓的词或语素就很难进入"×爷"结构。又如"××狗""××猿"多运用于口语中,表达调侃之义,也很难进入书面语体。另一方面是应用领域的差异,有不少陌生化程度高的词多用于网络语言,或文体娱乐类的新闻报道等中,在政论等领域中使用甚少或几乎不用。比如"××哒"主要用于日常生活中情感的随意表达,很难进入公文等正式语体。

2.新生词族指人的词族或称谓词语多用在背称或自称

一方面,新生词族指人的词语如"的哥""的姐""御姐"等大多用在背称,不用来当面称呼,因为面称含不太尊重的贬义色彩。随着词族的广泛使用以及新事物、新思想被人们接受和认可的程度越来越高,相当一部分原来含贬义色彩的词语开始"去贬义化",走向中性。另一方面,很多自黑自嘲的指人类词语多用于自称,不用于他称。比如"IT狗""理工狗""程序猿"等,既不用于他称面称,也不用于他称背称,只能用于自称。

3.同一共同语素构成的新词功能等级、使用情况差异很大

共同语素和变动语素的搭配组合是随机的、偶发的,当代汉语新词族产生的相当部分新词不是词汇学意义上定型的"词汇词",而是临时性的"语法词"。公众对同一词族内部不同新词的接受度、理解度不同,这些词语的生

命力也是不同的。如"×吧"里的"网吧、酒吧"已经进入了现代汉语常用词汇，而"怀旧吧、球迷吧"的使用范围非常有限，目前只在有文化的年轻人和网络媒体中流传。又如"××女郎"里的"谋女郎、淘女郎"使用率和知晓率较高，而"橱窗女郎、漆女郎"知晓率和使用率都相对较低。

4. 表同一语义的新词族间功能等级、使用情况差异很大

表同一语义的新词族间功能等级、使用情况差异很大。如表示不同社会群体的词族有"×族""×党""×群""×团""×狗""×猿""×咖""×女郎"等，其中"×族"最成熟，使用最广泛。"×党""×群""×团""×狗""×猿""×咖""×女郎"等的出现和流行受到"×族"类推作用影响，却没有"×族"使用普遍、流行范围广。

六、其他

（一）新词族发展走向

1. 明显的定位性、动态性与不稳定性

新词产生的初期，可能还只是偶尔的"发明"，随着人们大量的复制和模仿，逐渐形成了一种构词模式。最终，同一格式的新词批量出现，词族形成，格式也趋于定型，共同语素位置更是固定下来，根据共同语素在词族中出现的位置不同，可以将词族分为前附式、后附式、前后附加式三种。

新词族的诞生过程非常活跃，具有动态性、不稳定性。从新词出现引起人们关注，到人们模仿造词形成词族，新生词族都在发展变化，可以根据表达需要随时组合构成新词。类推的过程也可发生多重类推和二次类推，如"×的"（面的、摩的、飞的、轿的、驴的）是第一次类推的话，"的×"（的哥、的姐）是二次类推；"×吧"（网吧、水吧）是第一次类推的话，"吧×"（吧男、吧女）是第二次类推；"丁×"（丁克、丁狗、丁期）的第一次类推的话，"×丁"（铁丁、悔丁、白丁）又形成了第二次类推；"云××"（云定位、云办公、云笔记）是第一次类推的话，"××云"（导航云、智能云、腾讯云）又形成了第二次类推；"××梗"（融梗、抄梗、年龄梗）是第一次类推的话，"梗×"（梗王）则形成

了第二次类推;"创客××"(创客空间、创客之家、创客中心、创客论坛、创客新政、创客平台、创客星空、创客天堂、创客江湖、创客梦、创客节、创客周)是第一次类推的话,"××创客"(电商创客、小微创客、文化创客、剪纸创客、金融创客、石油创客、民间创客、草根创客)则形成了第二次类推。两组词族中出现共有成分的现象,一方面说明了部分发展中的共同语素具有不稳定性,还经常以词根面貌出现,另一方面说明了两组词族的共有成分在同一个认知框架内,于是,出现了词族集合中的"交集",这也是社会表达需求与语言自身发展双重作用的结果。

2. 词族构式的套合使用

近年来产生了一种新的语言现象:词族构式的套合使用,即两个词族结构模式套合在一起使用。例如"刷××"(刷夜、刷书)、"轻××"(轻食)、"××怒"(路怒)词族出现后,其部分成员又与"××族""××客"发生词族的"套用",产生了"刷夜族""轻食族""路怒族""刷书客"等新词语。

3. 新词频增与人群关注

新词族活跃度高、搭配性强,具有极强的生成能力,可以根据表达需要随时组合构成新词。近年来表事件、表社会现象的新词语频增,逐渐形成以某些格式为标志,集中反映社会现象的词族,如"×门""微××""×执法""丁×"等。体现"以人为本"理念,反应多元人群的词族新增,不同的人群划分,反映了五光十色的社会生活。《中国语言生活状况报告》(2009)指出,"2009 年描述不同人群的词语特别多,仅以'×族、×客、×友、×男、×女、×派、×党、×二代'为标记的就有 80 多条,加上其他表人群分类的,共有 116 条,占新词语总数 29.29%"。(2007 年占 19.29%,2008 年占 20.89%。)①。2009 年之后,社会上又新增了"×团""×狗""×猿""×咖""×女郎"等表人的新词族。

---

① 中国语言生活状况报告课题组. 中国语言生活状况报告[R]. 北京:商务印书馆,2010.

4. 网络词语与社会生活的迅速融合

据《第二十九次互联网发展状况统计报告》发布,"截至 2011 年底,我国网民规模达到5.13 亿,互联网普及率达到38.3%。中国手机网民规模达到3.56 亿,同比增长17.5%,与前几年相比,中国的整体网民规模增长进入平台期"[①]。庞大的网民群体对语言生活的影响正在释放。网络与社会生活不是孤立隔绝的,而是双向互动的关系。一个词语可能起初诞生于网络,很容易向社会生活领域迅速渗透扩散。

5. 对表达效应的极力追求

当人们表达一个新的概念或事件时,如果刻意不用已有的词或语素,而选用一个新的词或语素来表达,主要目的是吸引他人关注。如词族"××门"本来可以用"事件"来代替,但是却偏偏选用"门"表达这一概念,有时甚至不怕麻烦,先用"门"再加上"事件"两字。也就是说,选用一个新的形式来表达内容或概念时,重在吸引人们的眼球,期待社会的接受和认可。又如新词族"怒×"(怒吃、怒赞)、"秒×"(秒赞)、"爆×"(爆表、爆棚、爆好吃)、"××癌"(懒癌、公主癌),通过共同语素"怒""秒""爆"极力渲染了主观或客观的"给力"程度,"癌"本是致命的疾病,在新词族中作为共同语素用来表达对某件事情的陷入程度。

(二)新词族发展的不平衡性

1. 词族构成的新词语具有词类发展的不平衡性

从词类上看,词族构成的新词语主要是名词性词语、动词性词语、形容词性词语三大类,其他词性的词语几乎没有,因此,新词族构成的新词语具有词类发展的不平衡性。

2. 新词族内部成员之间具有流行和普及速度的不平衡性

词族内部成员之间扩散的速度和程度不一。同一个新词族内部,有的

---

①　中国互联网络信息中心(CNNIC). 第二十九次互联网发展状况统计报告[R]. 北京:2012- 1-16.

新词语呈爆发式传播和流行,很快为全民所通用;而相当部分新词语使用频率相当低,甚至有的是偶一见之,陌生化程度比较高。

3. 不同新词族之间具有生存和消亡的不平衡性

类推形成了大量在数量、规模上不等的新词族,它们处于不同的发展层次和阶段,使用范围和生命力都有较大差异。有的词族生命力较长,如"×吧";有的词族生命力可能较短,如"×梗""××哒",被更替的概率较高。

第三节　当代汉语新词族与传统类推构词法比较

一、新词族的发展具有动态性

一个类推结构产生之初,与共同语素(或词)搭配的"变动语素(或词)"形式较单一,但是随着越来越多的人注意到了这种构词格式,并在使用中不断类推,"变动语素或词"的范围也在不断扩大。

从音节数量来说,与共同语素(或词)搭配的变动语素(或词)"×"的音节数量在不断变化。比如从"网吧"到"怀旧吧"再到"我们的资源吧",词族"×吧"的音节数量先从双音节发展到三音节,后又发展到六音节;从"水门"发展到"艳照门"又到"肯德基秒杀门",词族"×门"的音节数量从双音节发展到三音节,后又发展到六音节;从"上班族"到"网络同居族"再到"蚁族",词族"×族"的音节数量从三音节发展到五音节,后又出现了双音节词"蚁族"。

从词性上说,能与共同语素(或词)搭配的变动语素(或词)"××"的词性也在不断拓展,例如从"水门""伊朗门""裁判门"发展到"窃听门""抄袭门",词族"××门"的变动语素"××"也逐渐从"伊朗、裁判"等名词性词语,发展到"窃听、抄袭"等动词性成分。又如词族"××盛宴",从"汽车盛宴"

发展到"科普盛宴",又到"WTO 盛宴",变动语素"××"的性质也逐渐从名词扩展到名动兼类词、形容词、字母词。

从语言单位上说,词族中的变动语素"×"的性质也在不断扩展,可能开始阶段是语素或词,继而可能出现语素重叠,也可能出现短语。总之,语言单位"×"会呈现越来越强的多样性。如词族"×族"成员先后有"驴族、上班族、奔奔族、傍傍族、网络晒衣族……",从语素("驴")、词("上班")、语素重叠("奔奔""傍傍")再到短语"网络晒衣",变动语素"×"越来越多元化。另外,字母词也有可能进入"×",出现"G 族、OK 族……"。再比如词族"×姐",继"御姐"之后,"凭什么姐"一词出现,"凭什么姐"中的"×"采取了"介词+疑问代词"的形式,构成了一个介词短语。如果在后面加上问号,就构成了一个特指问疑问句。可见,词族中的语言单位"×"具有多样性。

一方面,"共同语素"语义在拓展、泛化,如词族"晒×"中"晒"的语义从"分享(晒幸福)"拓展到"炫耀(晒恩爱)",从到"公开(晒收入)"再拓展到"揭露、披露(晒内幕)"。再如词族"×控"最初带有[＋偏执][－正常]的语义,但是随着"控"使用频率的增加,使用范围的扩大,这种隐含义逐渐减弱并脱落。另一方面,搭配的音节、词性、语言单位也都在尽量扩大范围。这样,能"晒"、能"控"的东西才越来越多。

发生上述变化的原因主要有三个方面:第一,词族的高频使用。当越来越多的语言使用者接受、认可、使用这种构词方式时,运用该结构再造词的潜在可能性也就越来越大,于是,人们在不断创新中悄然推动了词族的变化;第二,"旧瓶装新酒"。词族的表达结构本身已相当凝练,而一些新出现的概念、事物、现象一时很难找到更好的框架来表达,于是将"新酒"装入"旧瓶";第三,语言使用者的求新求变意识。长期严格遵循原有的音节搭配、语义搭配、语法规则,只能使语言渐渐失去生机和活力。于是,富有创新意识的人们特意打破原有规则,刻意追求语言的陌生化与变异化。

二、与传统类推构词法比较

要反映、研究新词族的特点,必须对新老词族进行比较。新词族的构成方式并不新颖,但是新词族的规模和影响人们很容易感知。旧的词族特点是语用覆盖范围小,词族的共同语素以词缀居多。新词族的主要特点是语用覆盖范围较大,生成了一系列的新词语,在语言生活中占有一席之地,且在社会上产生了一定的影响。这些新词族多是采用旧材料、旧格式通过新的组合方式,赋予了词语新的意义,用来指称新的现象。

1. 创造力和能产性差异较大

传统类推构词法创造的新词语具有缓行性和渐进性,运作效率比较低。它们在一个比较漫长的历史时期,以一个共有语素为核心,逐渐聚集成词族。例如"×客"指称"某一类人",如"门客、刺客、骚客、侠客、捐客、说客、顾客、房客、乘客、政客"等,这些词语的生成时期较长,被创造出来的过程比较缓慢。所以传统类推造词,因为生成周期长、爆发性弱,人们往往把它们视作离散的个体,没有将它们联系起来,当作一个词族的聚合。只有经过较长的发展周期,从历时的角度,语言学专业人士才能将它们联系起来,形成词族的聚合。

当代汉语新词族常呈井喷之势增长,具有爆发性、急剧性、时代性,其产生速度、产出数量、产生规模,是传统类推构词法所不能比拟的。传统类推构词法中的新词族往往需要一定的时间积累。新词族中的新词,往往伴随着新技术、新事物的发展而迅速出现,比如同样用"×客"以指称"某一类人",不需要经过漫长的历史积累,就能在短时间内爆发出"黑客""威客""博客""播客""克客""灰客"等系列词语。语用主体可以根据表达需要,在变动成分位置里填上一定的语言成分——语素、词或短语,从而随时随地、成批次地创造出新词语。当代汉语新词族具有词义丰富、构词方式相似、表达主题明确、体现语言创新和文化传承等特点,这些特点使得新词族在汉语词汇中具有重要地位,对于汉语的丰富和发展具有重要意义。新词族不需要像旧词族一样,经过漫长历史时期的等待来汇集词族成员,也不需要专业人士用语言学的眼光去回看这一构词模式,对于新词族的构词格式、发展速度、产出规模,社会大众普遍可以感知。

2. 语言创造主体不同

从语用主体来看,传统类推构词法中的造词者一般为社会上层人物,他们有知识、有文化、有创造力,所以能创造并传播新词,因此语言创造主体具有个体性。当代汉语新词族的造词者则可能是任何一个普通人,上到国家政要、专家学者,下至平民百姓、草根阶层等,语言创造主体具有全民性。同时,自媒体时代改变了传统的传播模式,尤其随着博客、微博、微信、小红书等交际平台的依次出现,人人都可能成为语言的创造主体,成为"造词家"。一眨眼的工夫,你刷一下手机,社会上不定出现了什么新鲜事物或新情况,大众可能就已经创造了一个词语,"恰如其分"地指称了这个变化。在人类的语言发展史上,普通大众的语言创造力从未如今天得到淋漓尽致地发挥,语言生活从未如今天这般鲜活,尤其是一些草根色彩浓厚的新词语,如"穷二代""房奴""被自杀""外卖狗"等,也从未如今天这般得以传播。

3. 传播速度及渠道不同

传统类推构词法与当代汉语新词族的扩散速度与扩散渠道均不相同。传统类推构词法产生在资讯落后的时代,新词语的传播渠道很单一,往往是由点及面、由少数人至多数人缓慢地扩散开来,逐渐地为大众所接受。当代汉语新词族的产生背景则是新媒体高度发达的当代社会,新词语的传播渠道具有畅达性、多维性和高覆盖性,在传统媒体和网络媒体的影响下会迅速扩散。前媒体时代,人们通过口耳相传波浪式扩散,效率低下;传统媒体时代,四大传统媒体——报纸、杂志、广播、电视成为新词族传播的助力器,传播效率显著提高;新媒体时代万物互联,人人时时处处都与网络发生着联系,传播效率空前提高。

4. 构成材料不同

从共同语素与变动语素的符号,即文字符号的外部特征看,传统类推构词法的共同语素与变动语素组成元素都是汉字,没有数字和字母词,更没有符号,可以说,汉字是旧词族产生的唯一成员。当代汉语新词族的构成语素除汉字外,还出现了字母词、数字、符号等,例如"360 云""IT 狗""B 咖"等,甚至出现了外来词充当汉语词族的共同语素的情况,比如"×× Style"。此外,网络上也出现一些包含不规范符号用法的例子,比如"最 & 女郎""!! 狗"等,这些都是汉语史上不曾出现的新现象,打破了汉语和意义直接相联系的传统表达方式。

5. 出现了新形式、新意义、新用法

当代汉语新词族的形成主要有三种途径:继承、新造和引进。继承和新造属于自源型,引进属于他源型。这三种途径形成的类推结构语义透明度不同:继承型的词族语义透明度较高,其次是新造型词族,引进型词族的语义透明度最低。

新词族在新的历史时期,出现了新形式、新意义、新用法。首先,语言单位不同。传统类推构词法主要依赖于词根、词缀和词义之间的关系进行构词,而当代汉语新词族的形成往往与特定领域、行业快速发展以及新兴事物的产生有关。传统类推构词法构成的多是词一级语言单位,整齐划一,容易判定。当代汉语新词族生成的词语,一部分是属于词的范畴,一部分属于短语的范畴,还有一部分尤其是那些多音节语言单位,处于词与短语的中间状态。其次,旧词族的共同语素要么意义实在,属于词根;要么意义虚灵,属于词缀。新词族共同语素的情况则较为复杂,有的语义相对实在属于词根,有的意义相对虚无属于词缀,还有些则处于由实到虚动态变化过程之中,即类词缀的位置上,比如"××哒"的"哒"可以判断为词缀,"刷××"的"刷"可以判断为词根,"××族""××客""她××""××姐""××哥"结构里的共同语素则处于类词缀的状态。再次,当代汉语新词族更加注重创新性和实用性,传统类推构词法则更注重语言的历史传承性。当代汉语新词族相当于提供了一个可重复使用的基本框架,供人们在认知机制作用下根据表达需要选用,以完成新词语的构造。从结构看,词族结构具有框架性和可复制性;从语用看,它具有可操作性、便捷性和可创新性;从表达效率看,它具有批量性和即时性;从表达主体上看,类推构词法不受教育程度、年龄、职业等限制,任何人都可能通过填充框架的方式,创造新词语。当代汉语新词族就是运用有限的规则,创造无限内容的有效手段,是批量生成新词语的特殊装置。

　　简单来说,新词族就是因形式上具有共性而形成的聚合。新词族以新事物、新现象、新概念等的出现为契机,具有开放性的特点,是一个不封闭的系统。随着社会和语言系统的发展,新的词语可以不断充实和扩大词族,原有的词也可能因各种原因退出该词族,词族本身也会随着社会和语言系统的发展而发展。

第二章
当代汉语新词族的产生原因

　　语言系统作为人类的交际工具、思维工具、文化载体，是一个相对稳定却又绝对变化的体系。德国哲学家、语言学家洪堡特在 1836 年说："在语言中从来都没有真正静止的片刻，就好像人类思想之火永远不停一样。根据自然规律，它永远处于不断的发展之中。"①语言系统的发展和变化最鲜明的体现是在词汇方面，人类不停地在创造新词语，以此满足社会交际和思维的需要，当代汉语新词族则是新词语的重要组成部分。

　　新词族的产生是外因和内因共同作用的结果。当代汉语新词族的大量出现与其框架的音节、结构、表义方式等方面的特点有关，更与汉语类推机制有关，类推是词族产生的内在动力。从外部环境看，词族的大量出现与网络媒体密切相关，网络的出现及应用催生了新词新语；同时，新事物的超速涌现，需要词语来指称和表达也是催生词族的外部原因之一；此外，语言接触、现今社会生活状况、受众文化心理都是新词族大量涌现的外部原因。

　　总之，当代汉语新词族具有较强的类推能力，因而逐步发展成为一种较为活跃的构词方式。当代汉语新词族之所以能批量产生新词，有其深层的内部原因和充分的外在动因。内在动因和外部环境又相互影响，即词族的框架特点符合了新时期社会生活对语言的要求，社会生活的要求催生了词族的出现，又进一步巩固了词族的框架。

---

　　①　简·爱切生.语言的变化:进步还是退化？［M］.徐家祯,译.北京:语文出版社,1997.

第一节　词族的形成

　　词族的形成主要有三种途径：继承、新造和引进。其中继承和新造属于自源型，引进属于他源型。这三种途径产生的类推结构语义透明度不同。一是继承型词族语义透明度相对较高，人们从字面就很容易理解共同语素的意义；二是新造型，这类词族常常使用一个新的语素来表达旧的概念，语义透明度中等；三是引进型词族语义透明度最低，因为这类词族的共同语素由外语单词音译或意译而来。当然，同一类推结构内部语义透明度也有差异。如"×族"结构中，"打工族、考研族、追星族……"的语义从字面就较容易理解和把握，而"暴走族、陪拼族、月光族、校漂族……"的语义透明度则较低。又如词族"丁×"中，"丁克"的透明度最高，而"丁期""丁狗""丁宠""丁啃"的语义知晓率就很低。

一、词族的继承

　　一部分新词族由传统汉语言文化积累延续下来，具有积淀性与继承性。共同语素来源于汉语，又有着长期被使用的历史，表义明确，容易被理解和接受。比如词族"×女"的形成就有典型的继承性，自古就有"才女""玉女"之说，现代又有了"淑女""美女"，当代人们又创造了"超女""剩女""熟女"等词。造词模式"×女"在现代社会人们的意识里逐渐清晰，人们运用这个格式根据自己的表达需要创造了为数众多的"×女"。

　　再如词族"×盲"指"对……不知道不了解的人"，该义由"看不见东西"引申而来。词族"×盲"形成之前，"盲"是不成词语素，本身不单独使用，须与其他语素一起成词，产生如"盲人""盲目""盲从"等。后来人们创造了"文盲"一词，指称没有接受过文化教育的人。"文盲"生动形象，概括性强，于是很快引发了一系列仿词,出现了"色盲""法盲""科盲"之类词语。随着信息技术与网络科技的应用与普及,人们根据"×盲"格式,与时俱进地创造出了"机盲""网盲"。"盲"由"看不见东西"引申为"对某些事物识别力差或者不够了解",同时,"盲"又增加了表示"具有某种共同特征的人"的类义。

从汉语历史上演变来的词族一般具有继承性,从字面人们容易理解和把握其含义,"×女""×男""×哥""×姐""××脸""被××"都是继承型词族的典型代表。这类词族的共同语素为显性,稳定性比较强,发展一般较为平稳,不会大起大落。

二、词族的新造

新词语是个体概念,新词族是有规律的一组词语,是集合概念。新词族规模性强,它的产出效率远远低于新词语的产出效率。当代汉语新词的产生速度很快,相对而言,词族的产生速度较慢,改革开放以来产生的新词族的数量远远无法和新词语数量相提并论。但是词族一旦形成,就具有较强的组合能力,能够批量产生新词。

词族不是任何人刻意创造出来的,而是社会上首先出现了一批具有相同框架结构的词语,人们按照这个构词框架创造了越来越多的词族成员,最终形成了词族的聚合。词族内部具有以下特点:含有共同的语素(或词语),共同语素(或词语)与变动语素(或词语)之间的语义关系和语法结构具有相同或相似性,带有生动、新颖的表达效果,能引起其他人的关注和效仿。随着词族中的成员越来越多,共同语素就会发生了一定程度的变化,比如泛化、弱化,甚至虚化到仅具有要表达的"类别义"。

词族"×党""×替""×托""囧×""×帝"共同语素来源于汉语,但是在汉语史上没有被普遍类推使用。当代汉语重新启用了这些词并赋予其一定的新义,由此创造了大量新词。因为这些词是"旧词新用",带有一定熟悉度又夹杂着一定陌生感,人们需要揣测、关注这类词族才能知道其意。当人们认为这类词族格式新颖又富有表现力时,就会套用这些格式继续创造新词,但是这类词族的发展走向还需要时间的检验。

三、词族的引进

词族的引进指汉语从外语中借入的词语类推格式,引进型词族在其本族语中往往也是能产性极强的构词模式。近年来,来自英语的词族有"×门""×吧""×贴士""低碳×",来自日语的有"×控""×族""宅×"。词族的共同语素有的是音译而来,如"×吧""×贴士"的共同语素分别由英语"Bar"和"Tips"音译而来;有的汉语共同语素是由外语意译而来,如"×门""宅×"。需要指出的是,受英语影响产生的词族历来比较多,但是近些年来自日语的词族也比较多,与日本动漫受到中国青少年的青睐有关。

引进型词族的共同语素借入汉语时,一定有一个外力推动。这个外力一般是某个偶发事件或现象,也就是说,这个类推结构的产生具有偶发性。比如"×门"进入汉语时,主要是受到了"水门事件"的影响。受外语影响而产生的汉语词族新词,发展前景各不相同。有的已经进入了汉语各类词典(如"网吧"已经进入《现代汉语词典》),甚至代替了汉语传统的表达方式,比如人们开始倾向用"吧"替代传统的同义词"馆""社""室"等;有的经过规范,已经进入了人们的日常生活,如"浴霸""摩的";还有的可能会昙花一现,最终消亡。

构造新词族所用材料除了从外语借入的成分外,几乎都是汉语中古已有之的成分,构成新词的格式也是汉语中现成的格式,所以绝大部分词族及新词语都是原有材料按新格式的重新组合,给人以似曾相识之感。

第二节　当代汉语新词族产生的外部原因

新词族的诞生大多与人们关注的社会热点和发展较快的社会领域有关,这是当代汉语新词族现象产生的重要特点之一,社会生活、语言接触、社会心理、社会传播等因素从外部促进了新词族的产生,并激活了新词族的使用。

一、社会生活

美国社会语言学家布赖特(W. Bright)提出了"共变论"(co-variance)观点,"当社会生活发生渐变或激变时,作为社会现象的语言会毫不含糊地随着社会生活进展的步伐而发生变化。"①

从内容上来看,新词族的产生领域更加集中、聚焦,多是社会生活中的热点在语言上的直接反映,社会生活是新词族不断产生的源泉。近年来,网络科技发展迅猛,语言生活中以"网""客""E""云"等为共同词素的词族数量明显增多,例如词族"网×"(网红、网友、网龄、网址、网虫、网民、网吧、网址、网页……)、"×客"(黑客、红客、灰客、蓝客、闪客……)、"E×"(E时代、E概念、E广告、E生活、E教学、E世纪、E行动……)、"云×"(云网、云物联、云引擎、云账户、云平台、云课堂、云开发、云同步……)。语言是社会的一部分,同时也是社会的表现和记录。这些词族在信息化、产业化的社会背景下诞生,以词族的形式集中展现着我国信息化发展的步伐,是人们社会生活的重要组成部分。

语言是社会存在的反映,社会是由人组成的,人们通过语言来表达和交

---

① 姚汉铭.新词语·社会·文化[M].上海:上海辞书出版社,1998.

流思想、情感和需求。语言是社会变迁的记录,社会的变迁、制度的变革、文化的演变等都会对语言产生影响。一方面,语言是社会的重要组成部分,它与社会的发展、变化和互动紧密相连。语言是社会发展的产物,随着社会的发展,人们需要不断地创造新的词汇来表达新的概念和思想。新事物的超速涌现,同样需要词语来指称和表达。另一方面,整个社会发展节奏明显加快,要求语言使用中处处体现语言经济原则,反映在词汇上就是要求有一种更高效更便捷的构词方式,在新词语的表义明确清晰的基础上,同时符合语言的经济原则,当代汉语新词族刚好满足了当代社会语言表达的需求。当今,物质生活与精神生活日趋丰富多样化,出现了一大批需要指称的新生事物。当代汉语新词族的构词模式有效地缓解了大量指称新生事物的需求与语言经济原则的矛盾。

类推结构中变动语素(或词语)位置可填充的语言单位较为灵活,而且从理论上讲可以无限类推。只要遵循该词语共同语素(或词语)与变动语素(或词语)间的音节组合关系、语义逻辑关系、语法搭配关系,就可以从语言内容实际表达的需求出发,选取合适的语素(或词语)与共同语素相组合,从而产生新词。共同语素具有的"类义"使得它和变动语素组合后表义更丰富更完整。以词族"×门"为例,人们经常利用"×门"来披露一个不太光彩的事件。比如用"质量门"指称知名品牌出现质量问题,以"解说门"指称因黄健翔最后3分钟的解说而引起强烈争议,这些都能用一个"三音节"结构简洁地概括相对复杂的事件。可以说,当代汉语新词族的构词模式是社会生活复杂性与语言经济原则两种要求共同作用、共同推动的结果。

二、语言接触

不同国家的联系、交往、接触必然推进语言文化的交流与互鉴,语言接触是中外语言文化交流的结果,是新词族产生的重要因素和条件。随着改革开放的深入发展,外语对汉语的影响加大,人们翻译外语时除意译外来词外,还用音译或音译加意译的形式。比如人们根据实际表达的需要,用音译的"吧"表示"酒吧",从而使单表音节的"吧"具有了原词的整体意义,成为实语素。根据汉语构词习惯,既然"吧"已成为语素,那么它就可以参与到汉语传统的构词方式之中,利用这些语素同别的语素组合形成新词语。"吧台""绣吧"等词语的产生便是如此,这就使汉语复合词的构英语作为世界上使用范围最广的语言,在国际交往中发挥着至关重要的作用。

英语及日语是我们词族"引进"的重要来源,英语是世界上广泛应用的语言,政治、经济、文化等方面都对我国影响深远。从地理位置上看,我国和日本比邻而居,有着久远的睦邻友好关系,语言与文化接触频繁,因此当代汉语新词族中也存在不少来自日语的词汇。

从某种意义上说,新词族的引进也是因本族语言构词手段存在某些不足造成的。音译或音意兼译外来词产生的语素参与汉语构词,也是对汉语构词方法的一种丰富。汉语的特点决定了其构词方式不可能跟外语完全相同,新词族中的外来共同语素会在发展中与汉语不断融合。我们在第四章第二节的"外来语素与汉语不断融合"部分有详细介绍,在此不再赘述。

三、社会心理

词族结构一半套用固定造词模式,另一半又变换不同语素。这种熟悉化和陌生化并存的特质,正是人们既追求新变又渴望认同的心理折射。词族适应了新时期词语发展的"族群化"趋势,以整体和系统为价值取向,适应了人们心理的整体性理解和感知。

1. 参与意识

当下人们对重大社会现象和焦点事件的关心意识、参与意识、监督意识都空前增强。新词是人们意识和心理的直接反映,集中表现了人民群众的价值观和情感倾向。比如2011年9月,台湾23岁的外景主持人陈小柔在节目上炫耀,虽然她不漂亮,但是她想要什么只要写在博客上就会有粉丝送给她,包括价值不菲的名牌包和各式礼物。由于她的拜金言论,大家封她为"凭什么姐","凭什么姐"便是词族"××姐"格式的套用。这些词有较为鲜明的褒贬倾向,体现了一定的社会关注和公众参与意识,从中也体现了人民群众的价值观和情感倾向。

从最初的单个"热词"到系列词族,从网友们别出心裁、自娱自乐的"花样表达"到一种全社会的新锐话语模式,新词族及相关新词新语往往直接即时反映社会的一些焦点现象与事件。产生数量众多、分布范围广泛、感情色彩各异的词族,体现了人民群众的参与意识空前增强。

2. 模仿心理

一方面,词族中变动语素部分自由而灵活,充分满足了创造者的求新诉求;另一方面,共同语素本身具有的类义已为大众所熟悉,由此类推的新词,也会令人感觉并不陌生。例如词族"×族"中的"族"类义明显,人们大量模仿其构词模式,创造了庞大的"×族"词语,指称各类不同特征的人群,满足了人们追求新奇的语言诉求。又如词族"刷××",人们仿照"刷卡""刷身份证"格式,创造了"刷脸""刷题""刷手机""刷微博"等,形成了越来越多的"刷×"族词。再如虽然汉语中原本就有"看客"之类的词语,但数量较少。随着"黑客""博客"等网络用语的出现,人们仿拟出了大量的"×客",如"都市客、淘金客、背包客、搜索客、投机客、数码客、自由客、软件客"等,渐渐形成了词族"×客"。

当新词族来自社会高层时,高变体语言对低变体语言的影响就很明显,低变体语言容易模仿和学习高变体语言。词族"软×""零×"等也是如此,人们对这些词语的模仿、传播和使用,一定程度上加强了"软×"和"零×"作为词族的可接受度,加快了该词族的扩散速度。一个新词语或一种新的构词方式,往往先由少数语言使用者创造,又在众多语言使用者的追逐、模仿下得到社会认可的。

可见,语言使用者的心理很大程度上影响着语言的选择和使用。从人们对事物认知的角度看,群体出现的事物,无论在记忆上还是在信息的加工处理上,都优先于孤立的事物,所以词族化便于人们的使用,这在快节奏的现代社会里无疑是必要的。

3. 求新心理

人民群众创造了很多新颖的语言,这点在当今社会生活中得到了前所未有的体现和最充分的证明。词语创新者的目的不是孤芳自赏,而是希望引领新的语言使用潮流,引起其他人的效仿。

一些词语在使用过程中会失去新颖度和生命力。为了完善语言自身的表达体系且保持语言的新颖度,人们就会通过仿造、类推等方式来填补语言的空位。如汉语中一向用"茶社、茶室、茶馆"等词语表示"喝茶的地点",但是这些词语在使用过程中渐渐失去了新意,于是,"×吧"词族到来的时候,人们创造了"茶吧"。又如当人们对"啊""吧""呀"等语气词失去新鲜感的时候,"哒"趁虚而入,出现了"萌萌哒""么么哒""坏坏哒""胖胖哒"等新词,形成了"××哒"词族。再如"×迷""×痴"词族都可以表示人们对某些事物的痴迷和狂热,但是"×控"词族一出现,还是受到了追捧。可以说,词族中形形色色的词语正是当今社会文化的一个缩影、一面镜子。

4. 调侃心理

一个新词,从出现到在社会上快速流行再到词族的形成,是什么原因让受众接受如此快捷呢? 这背后有着受众文化心理的支撑。

20 世纪 80 年代的青年,面对社会转型期,一首《一无所有》替他们一鼓作气,让他们在时代的迷惘中挺起腰身;20 世纪 90 年代的青年,面对滚滚而来的改革大潮,一首《我的口袋有三十三块》还可以让他们做个鬼脸打个口哨松口气;时至今日信息时代,"80 后""90 后"很快发现,自己没有时间、没有从容。快速发展的经济、快速工作的节奏、快速消费的文化,若是再一无所有,就会遭人嘲笑,若是再抖搂自己穷困的口袋,就会被人遗忘。他们要紧盯市场,紧跟时代,紧抓机遇,房子、车子、票子,老板的脸色,客户的脾气,繁忙的流水线,匆匆的行人,惊人悚目的股市行情……他们拥有着网络,拥有着快捷,在社会上找寻自我。于是,面对网络他们尽情抒发情感,带着调侃把郁郁和苦闷说尽。

　　强烈的情感表达可以促使人们超常地创造一些新的词语及构词方式，从而促进词族形成。词族现象以独特的方式即时反映着现实生活，而且寄予了人们丰富的社会情感，是当今社会压力下的一种调侃。例如有人把无房、无车、无女朋友的"三无"男青年称为"低碳哥"，相应地把"三无"女青年称为"低碳姐（妹）"，公务员、程序员自我调侃为"公务猿""程序猿"，单身青年、考研青年调侃自己为"单身狗""考研狗"。现代人创造并高度热衷于新的语言表达形式，表现出心理层面的一种无奈、排遣与宣泄。

四、社会传播

　　《第29次中国互联网络发展状况统计报告》显示，"截至2011年底，中国网民规模达到5.13亿，互联网普及率达到38.3%"。① 互联网对语言的影响是深远的，它改变了人们交流的方式，使语言变得更加全球化、多元化和即时化。互联网使得信息传播的速度变得非常快，语言的传播也相应变得更加迅速。人们可以随时随地获取各种信息，语言的传播速度也得到了极大提高。互联网也促进了语言的创新，互联网的普及促进了语言的多样性和变化，人们可以通过社交媒体、网络论坛等方式自由地表达自己的观点和情感，语言的表达方式也更加多元化、灵活化和个性化。

　　网络传媒的发达，加上报刊等传统媒体的推动，新的表达方式容易产生并传播。网络为新词族的出现提供了物质环境和条件，媒体又成为新词族传播的介质。词族的形成具有传播学里的溢散效果。② 溢散效果首先体现在传统媒体（如报纸、电视、广播）上，这些传统媒体虽然受到现代媒体的冲击，但其传播力和影响力仍然不容小觑。在互联网时代，新闻传播的溢散效果更加明显。新闻信息在社交媒体、论坛、博客等平台迅速传播，受众范围

---

　　① 中国互联网络信息中心（CNNIC）.第二十九次互联网发展状况报告［R］.北京：2012- 1- 16.

　　② 溢散效果（spill-over effect）即新闻事件在传播过程中，除了直接受众外，还包括间接受众和更广泛的受众，从而产生更广泛的社会影响的现象。

不断扩大。此外,新闻网站、移动应用等渠道也为新闻传播提供了更广泛的平台。传播的溢散效果还表现在不同媒体之间的交叉传播。例如,报纸上的新闻可能会在电视、互联网上得到更多的传播,而电视新闻也可能在社交媒体上被广泛传播。

总而言之,社会的进步和发展,是当代汉语新词族现象产生的基本条件和强大动力。首先,人们的物质生活需求得到极大的满足和保障,转而开始注重精神生活需求;其次,当下的社会氛围相对宽松自由,人们的思想和意识得到了空前解放,主动性和创造性增强;最后,互联网时代传播过程中带来了溢散效果。

但是,社会的进步和发展也带来了一些负面影响。社会压力、人心浮躁、情绪抒发、缺乏文化底蕴,都是导致社会上"族群性词语"泛滥的重要因素。以指称人群的词族来说,当代汉语涌现出"××族""××姐""××哥""××客""××狗""××猿""××女郎"等众多词族。拿"×控""×癌"来说,汉语本身已经有很多表达方式,可以表达对某些事物的迷恋和情不自禁,如"×迷""×痴"等,但是"×控""×癌"还是受到了年轻人的追捧。一方面"控"来自日语,洋溢着时尚气息;另一方面,与它的使用人群年轻化有关,"控"的使用人群主要集中在"90后""80后"等;还有一方面原因是社会传播。新词族扩散的主要途径是通过网络,继而走向传统媒体。它的扩散机制是从"城市小资阶层""时尚达人""90后""80后"等传播至网民大众和其他使用人群(几乎不与网络接触的大众)。在"××控"之后,又出现了词族"××癌"(懒癌、淘宝癌、手机癌、宠物癌、社交癌等),用以拼命地表达对某类事物的沉迷与不能自拔。

第三节　当代汉语新词族产生的内部原因

当代汉语中新词族的大量产生是外部社会原因、内部语言结构共同作用的结果。其中,语言结构占主导作用,正如英国语言学家爱切生所说:"语言变化有可能由社会因素引起,比如:语言风尚、外来影响和社会需要。但是,除非语言已经'准备好'要发生某种变化了,否则,这些因素并不能发生影响在人的生理和神经构造中已经存在某些内在的倾向性,那些社会因素只不过是利用了这些固有的倾向罢了。"①

除了社会发展的外在条件,新词族的产生还有其深层的内部原因。本节试图考察当代汉语新词族现象产生的内部原因,揭示词族自身特点在构词中的作用。

一、语言的类推机制

布龙菲尔德认为,"凡说话的人没有听到过就会说的形式,按它的直接成分说是规则的;它的成分有着规则的功能……语法模式往往叫作类推(analogy);规则的类推可以使说话的人说出他没有听到过的语言形式"②。布龙菲尔德认为类推是世界上语言所共有的机制,之所以能够通过类推产生大量新词语,根本原因在于语言内部具有规则性。

《语言与语言学词典》给"类推"下的定义,是指在语言的某种其他规则模式的影响下,语法和词汇形式发生变化的过程或结果。③

---

① 简·爱切生.语言的变化:进步还是退化?[M].徐家祯,译.北京:语文出版社,1997.
② 布龙菲尔德.语言论[M].袁家骅,赵世开,甘世福,译.北京:商务印书馆,1997.
③ R.R.K.哈特曼,F.C.斯托克.语言与语言学词典[Z].黄长著,林书武,卫志强等,译.上海:上海辞书出版社,1984.

　　类推构词即以某个词为原型,以某一语素为核心(共同语素),通过替换其中的变动语素的方式创造新词的方式或结果。类推机制是词族产生的内在动力。"模因论"侧重从外部解释词族现象,认为词族现象是"复制和传播"的结果,但是解释较为笼统,究竟词族是怎么"复制"的,哪些语素或词容易被"复制、保存","复制"时语义又产生了哪些"变动",哪些语素或词在"复制"时被"修改、替换",这些问题都没有得到很好的解释。我们认为,模因论的本质还是语言的类推机制。

　　类推具有一定的规律性,类推词无论从形式上还是语义上,都参照了"原型词"或"典型词"。先有了"原型词",又有了部分根据"原型词"仿拟的词。人们渐渐从这些具体的新词语中,感知到抽象的格式构词和内在关系,继而按照这种构词格式和内在关系大规模类推开来。类推新词一般在形式上相同或相近,即共同语素和变动语素的位置固定,变动语素位置填充的语言单位无论是音节还是性质,都有相似之处。从结构上看,类推构词的结构也比较固定,在词性上比较一致。

　　共同语素如"吧""门""族""控"等,在类推过程中发挥着举足轻重的作用,词族借由这些共同语素联结成一个有序的整体。类推词成批涌现,随时增加新成员的潜能。词族变动语素的语义关系多表现为类义相仿。类义相仿是指原型词和类推词的变动语素之间具有类义关系,类义语素之间属于平行义场、聚合关系。类义相仿的词语通常具有相似的词性、语法结构和部分相同的词汇意义。类义相仿的词语在语义上有交叉和重叠,但在具体的语境和用法上可能存在一定的差异。同一语素在构词中反复出现,造成了该语素意义发生一定程度的泛化或虚化,继而形成一定的类义。当代汉语新词族系统庞大,内部成员复杂,各成员间的语义关系基本上都是类义关系。

　　以词族"×户"为例。早期出现的用例有"专业户",指我国以专门从事某种农副业为生的家庭或个人;"万元户"指 20 世纪 70 年代存款或者收入在 10 000 元以上的家庭民户;"个体户"指从事个体生产或经营的家庭或个人。随着社会生活的发展、经济体制的改革,出现了各种新现象,例如一些家庭和个人因城市房改面临拆迁,人们仿照"专业""万元""个体"和"户"之间的语义关系,在变动语素位置选择词语"拆迁"与"户"组合,创造了"拆迁户"这一新名词,来形容这类家庭和个人。其他词语如"钉子户""特困户""低保户"等,都是这样类推而来。

词汇体系中的相似性原则,即人们以现有的词语结构模式为标准,比照相同语素的词的结构创造新词,这些词语之间彼此具有相似性。[①] 基于类推机制及词汇体系的相似性原理,词汇的发展往往呈现出连锁式的特征,这为新词族的形成提供了条件。新词族总是在已有词语的基础模型上产生,以社会需求为契机,以类推为内在机制,以形式化的面貌出现。开始时可能是临时的偶然的用法,当得到大众的认可之后,就会逐渐扩大其使用范围,并创造出更多类似的词语。

二、词族的结构和表达特点

词族的形成和出现与其框架的音节、结构、表义方式等方面特点有关,新词族的出现符合语言发展的经济原则和框架语义学基础,达到了焦点信息的凸显和表达效应的增强效果,体现了汉民族独特的思维方式和文化内涵。

1. 符合语言发展的经济原则

语言的经济原则是法国语言学家马丁内在其《普通语言学纲要》中提出的。马丁内认为,言语活动中存在着内部促使语言运动发展的力量,这种力量可以归结为人的交际和表达的需要,与人在生理上和精神上的自然惰性之间的基本冲突。交际和表达的需要始终在发展、变化,促使人们采用更多、更新、更复杂、更具有特定作用的语言单位,而人在各方面表现出来的惰性则要求在言语活动中尽可能减少力量的消耗,使用比较少的、省力的,或者具有较大普遍性的语言单位。这两方面因素相互冲突的结果,使语言在

---

① 亢世勇.现代汉语新词语计量研究与应用[M].北京:中国社会科学出版社,2008.

经常发展的状态之中,达到相对的稳定和平衡。[①] 我们认为,语言的经济原则就是在表意明晰的前提下,为了提高语言的交际效率,尽可能采用经济简洁的语言符号形式。

"门"的意思是"丑闻、事件","门"作为语素既表达了"事件"的语义,又表达了人们对这个事件的看法、评价,符合语言发展的经济原则。类推结构"×门"没有被人们熟知前,我们经常看到"事件、丑闻"等词与之连用,作"门"的注释和评价。一旦"门"的语义为人们所熟知,作注解的"事件、丑闻"等词就不再使用,语言最终的发展方向还是语言的经济性。

(1)美国"情报门"事件愈演愈烈,美参议院陷入休会(中国新闻网,2005-11-02)

(2)西方媒体被曝"中国博客门"丑闻(《新京报》,2006-03-15)

(3)他同时又是著名的"伊朗门"事件的核心人物之一(新浪网,2006-03-30)

(4)沃尔玛"工会门"事件前途未卜(《中华工商时报》,2006-08-14)

我们再从句法构词与附加构词的效率来看语言的经济原则。就句法构词的五种基本类型而言,它们产生词语的效率不同。偏正式、联合式构成的合成词最多,而补充型的合成词最少。句法构词创造的复合式合成词,其运作效率自然比附加构词法要低。因而,当下社会节奏的加快,人们思维的活跃等因素,都促使了相当部分新词采用附加构词法。

2.框架语义学基础

菲墨尔《框架语义学》认为,"词语代表了经验的分类和范畴化,这些范畴中的每一个都是依赖知识和经验的激活情境为基础的。一个框架,作为在对语言意义的描写中起作用的一个概念,是跟一些激活语境相一致的一

---

① 马丁内.普通语言学纲要[M].罗慎仪等,译.北京:时事出版社,1988.

个结构化的范畴系统。"①一些词语的存在价值是将其框架提供给交际中的参与者,同时完成对框架的范畴化;而用于激活范畴的语境是一些可以理解的实体、行为实践的模式或社会制度的历史;在使用语言的过程中,说话者将一个框架应用到一个情境中,以此显示出"在这一框架中使用已范畴化的词语来应用这个框架"。②

认知语言学认为,由很多概念域连接而成的知识网络就是一个框架;网络里面有一个中心概念,表示这一中心概念的词可以激活整个框架(Taylor);激活的结果之一即产生了表示那些概念域的词,形成了词族。根据框架理论,我们可以发现词族的基本属性,即一个词珠对应一个框架,或者说词族具有相似性。③ 人们在新创造词语时,很少使用语素任意结合的模式,而总是倾向将现有的语言材料及其语义,置于汉语的造词或构词框架模式中。这样不仅从语义上易为国人所理解和接受,而且在表意层面也能够有理据可循,给人以更明晰的感受和印象,从而便于交流的需要和新词语的传播。

3. 焦点信息的凸显和表达效应的增强

词族结构凝练,表义丰富,有限的结构形式融合了焦点信息、类义、感情色彩等大量内容。词族既整齐新颖,又符合使用者的心理需求,便于理解和使用,因此受到人们青睐。如词族"×帝"指称某一方面有过激行为或达到"极致"的人,展示这个人呈现在大众面前的突出特征和最具特色的元素,产生的词语有"练摊帝""引爆帝""熊猫帝"等。通过"×"的指示,人们能很快地记住此人,了解其相关"事迹"。在选择"×"时,人们会自觉地选择、凸显人物性格或行为中的主要"元素",从而使得"×"成为"帝"的突出特征,达到对焦点信息的凸显。又如词族"××癌",通过共同语素"癌"的"病入膏肓"与

---

① Charles J. Fillmore.框架语义学.语言学论丛(第二十七辑)[M].詹卫东,译.北京:商务印书馆,2003.

② 同①。

③ 廖光蓉.词族的框架属性.南京:第四届全国认知语言学研讨会[C],2006.

"无药可救",凸显了对某类事物的沉迷陶醉与不能自拔,由此产生了"宅癌""宠物癌""少女癌"等新词。

新词创造过程中的随机性、偶发性较大,究竟采取了哪些语素与共同语素搭配组合,又有哪些词或语素充当了词族中的共同语素,多和新词创造过程中追求焦点信息的凸显和表达效应的增强相关。

4.特殊的思维方式及文化内涵

当代汉语新词族,特别是汉语通过长时间历史积淀形成的自源型新词族,其共同语素保留了较多的词汇意义,因而既具有一般附加构词的优势,又保持了实语素复合构词的高理据性。高理据、强类别义的表义特点使人对词族构成的新词语义较易理解。

在汉语词汇发展过程中,"任何汉语新词的产生,都要经历开始时的一个'随机'阶段"[①]。"从历史的角度看,言语活动中的'随机'造词现象正是语言词汇得以不断丰富和发展的动力之一。从社会和民族思维的角度看,'随机'是汉民族一种社会性思维活动行为。在运用词语进行交际的过程中,这种'随机'造词现象屡见不鲜。"[②]

除了随机的思维方式影响外,"意合"思维也是对汉语造词活动影响较大的一种思维方式。由"意合"思维转化成的汉语词语表现出重意象轻逻辑的特征,它不重形式,更重心理时空,靠着领悟、意会进行语义搭配和词语组合。汉语造词的过程,就是思维向言语外化的过程,是言语向物理形式转化的过程,是一种"直觉妙语""意象合一"的整体思维过程。[③]

三、其他

当代汉语新词族的发展具有动态性,同时具有明显的定位性、生成性、不稳定性、不平衡性。新词族的大量涌现是外部社会原因、内部结构系统关

---

① 钱乃荣.汉语语言学[M].北京:北京语言学院出版社,1995.

② 陈兰香.汉语造词的思维方式及其修辞方法[J].楚雄师范学院学报,2005(20):47-53.

③ 同②。

系共同作用的结果,其中语言结构起主导作用。

词族的形成是人类在创造和使用新词语时,认知机制作用的结果。人类的语言能力使我们能够通过已有的语言形式创造新词语,来表达新的概念和思想。从结构上看,词族是一个完整的立体的框架装置;从共同语素看,它起类别标示的功能和作用。人们利用词族创造新词语的过程,就是按一定规则对事物进行分类的再组合过程。认知机制在人类创造语言的过程中发挥着至关重要的作用。语言是人类用来交流思想、情感和信息的工具,它与我们的大脑、认知能力和思维方式密切相关。语言的结构和规则反映了人类的认知结构和思维方式。例如,词族内部的句法结构、语义结构和词汇选择等方面,都反映了人类认知过程中的分类、归纳、演绎和联想等思维方式。认知机制帮助我们建立语言的结构和组织方式,在语言的产生过程中,人们需要找到一种合适的方式来组织和表达信息,例如词族的构成、词语的组合等。认知机制帮助我们建立语言的结构和组织方式,从而使得语言更加系统和连贯。

新词族现象的应运而生是有其相应的社会环境、语言环境的。从社会环境看,特定的社会现象、时代风貌、历史事件都可能成为促成新词生成以及广泛流行的重要因素。从传播方式看,网络的普及和信息的透明化对时代文化和特定事件的传播有重要推动作用,而主流媒体对流行文化也展现了迎合的态度。从语言环境来看,语言接触是新词族现象产生的重要原因。

词族在形式、意义、语用上符合汉语的基本构词规律,而且具有鲜明的时代特征,给汉语注入了鲜活生动的元素,充分满足了人们的交际需要。词族中的"共同语素"在不断类推中保持了越来越少的原有语义特征,从而将越来越多的指称对象纳入自己的组合范围,在词族构造中起了重要作用。

类推性、能产性强的语素仅占语言体系中很少的一部分,大多数语素或词都不能形成系列词族。词族中共同语素的选用具有一定必然性,也有一定的偶然性。不仅有语言体系内部,也有社会文化等方面的原因,需要从语言学、心理学、社会学、民族学、人类学等多学科多角度进一步探讨。

第三章
当代汉语新词族共同语素的语义演变

第一节 词汇意义的演变

当代汉语新词族共同语素语义演变主要有语义类化和语义泛化两类。语义类化即在一定指称对象上发现可以类化的特征,从而使共同语素指称范围扩大化。语义泛化是从原义到泛化义的变化过程,主要有辐射式、连锁式、复合式三种方式。另外,词族共同语素与变动语素之间的语义选择表现出单向高搭配性和组配的规则性。同一词族的共同语素与不同语素间深层语义关系并不相同。

一、共同语素在新词族中的语义与其基本义的差异

我们按照来源类型,考察共同语素在新词族中的语义与其基本义的差异。

1. 积淀型

积淀型(显性)词族的共同语素是旧的,现今语义与其基本义联系紧密,如"×男、×女、×哥、×嫂、×后等",词族中共同语素的语义虚化和泛化明显,但古今基本语义仍变化不大。改革开放以来,部分单音节亲属称谓语素开始

出现较强的词缀化倾向,如"爷""哥""嫂""姐""妹"等。这些语素已经突破了原有的表义内涵和使用范围,原来语义中的部分区别性特征逐渐脱落,仅仅保留了简单的类化概念。

以词族"×哥"为例。共同语素"哥"沿着"亲属称谓→类亲属称谓→泛亲属称谓→亲属称谓义脱落→男性义脱落"的进程,亲属称谓义不断脱落,语义容纳性越来越强。如今,"哥"不仅可以称呼没有亲属关系的人,还可以称呼年龄比自己小的人,仅保留了"男性"这一类化概念。变动语素或词"×"也经历了由"亲属关系语素→姓氏人名词语→特殊魅力词语(琵琶哥)→工作对象(三轮哥、空哥)→特色的事物和对象(吸力哥、7G 哥)"的泛化历程,泛化进一步带动了"哥"的语义特征"去范畴化",出现了"琵琶哥、三轮哥、空哥、7G 哥(海尔简爱 7G 哥系列手机)、吸力哥(F16 战机)"等词语。

又如词族"×嫂"(空嫂、月嫂、乘嫂),"嫂"本身具有"女性、已婚、年长、亲属"等区别性特征,但却逐渐由"哥哥的妻子"义过渡到"年纪不大的已婚妇女"义。"军嫂、警嫂"的出现使"嫂"作为亲属称谓的意义更加泛化,现在又有了"空嫂、的嫂、乘嫂"等称呼方式。这时,"嫂"已经失去了自身包含的辈分等意义,由亲属称谓变成了指称"年龄不太大的从事某行业的已婚女性"。"嫂"不仅可以称呼没有亲属关系的人,还可以称呼年龄比自己小的人,仅保留了"已婚女性"这一类化概念。

"爷"(侃爷、倒爷、的爷)、"哥"(托哥、的哥)仅保留了"男性"简单的类化意义,由"对祖父或是对长辈男子的称呼"过渡到"从事某种职业或活动的男子"。"姐""妹"原指"亲戚中同辈而年长于自己比自己小的女子",接着泛指"同辈而年长于自己女子",现在可以指"从事某种职业的女子"(空姐、吧姐、的姐……)。"姐""妹"不仅可以称呼没有亲属关系的人,还可以不计年龄地称呼他人,仅保留了"女性"这一类化概念。上述语素具有类化作用且构词时位置固定,处于意义虚化的过程中。

尽管积淀型词族的共同语素语义发生了泛化,但其共同语素(或词)仍保留了较多的词汇意义,既具有一般附加构词法的优势,又保持了实语素复合构词的高理据性。因而人们也较易理解它在词族中的含义。

2. 旧词赋予新义型

当新事物出现时,就面临一个命名的问题:或创造新词,或赋予旧词以新义。人们往往采用后者,因为"旧瓶装新酒"的方法更符合语言的经济原则。

新词族共同语素的部分转义可分为两类,一类是从原义到类化义的变化过程,我们称之为语义的类化。语义类化是意义指称范围扩大化的过程,即在一定的指称对象上发现可以类化的特征,将其加载在一定的对象上并纳入词语的指称范围。一些共同语素在类化的同时还增添了附加语义色彩。①

词族"×虫"由原义"昆虫和类似昆虫的小动物"转变为"沉迷于某一活动或事物的一类人"(书虫、网虫、车虫……),意义在发生隐喻的同时,也发生了抽象类化,表示非个体的一类事物或人。词族"×族"语义由"种族、家族"演变为"具有某种共同属性的一类人"(打工族、上班族、追星族……)。词族"×盲"语义由"看不见东西的人"演变为"对某种事物不了解的一类人"(文盲、法盲、网盲……)。词族"×狗"由原来的动物义演变为"较长时间处于一个身心疲倦状态中的人",就有了"大四狗""打工狗""IT狗"。上述几例都是由隐喻引发,将原义转变为"某一类人"的意义。本义与转义间具有某种相似性,如"虫"的原义和转义间"神似","书虫"是指"特别爱看书的人",沉浸在书里面就像"虫"。"狗"形容地位低下、条件较差。语素"族""盲"和"虫"一样,都因原义和转义间的相似性而成了某一类人的称呼。

另一类是从原义到泛化义的变化过程,为语义的泛化。泛化转义是由原义不断抽象形成的多个意义的变化。张谊生(2000)指出,泛化就是指实词语义的抽象化、一般化和扩大化,是以实词的部分具体义素的脱离和词义

---

① 刘吉艳.汉语新词语词群现象研究[D].上海:上海外国语大学,2008.

的适用范围扩大为前提的。① 词义的抽象泛化会引起词语结构关系的变化。意义的泛化包括纯词汇意义上的泛化和含语法意义的泛化。所谓语法意义的泛化包括词语适用范围的扩大。如"软×"由原义"柔软的、绵和的",如"软糖",转义为"重要的、非物质、无形的",如"软资源";"不稳定、可移动的",如"软盘";"稳妥、和缓的",如"软着陆",等多个意义。又如"裸×"词族,"裸"的原义是"身体某部分外露",后转义为"物品没有包装、裸露",如"裸车、裸卖";或"行为方式彻底、完全,没有任何附加",如"裸捐、裸退、裸考"。再如词族"轻××",原义是"物体的重量小",现衍生出"数量少"的语义,有"轻资产、轻税率";表"程度低"有"轻口味、轻奢";表"轻松"有"轻小说、轻体育、轻旋律";表"专注、精简、高效"有"轻聊版、轻办公"。

语义类化和语义泛化两种转义都以相似性为转义的基础、通过隐喻机制形成,语义类化一般发生在表示称谓的语素(词)上。还有一种情况很特殊,在当代汉语中的新语素义与其本义或基本义无任何联系。如"囧"在古代表示明亮、透明,《说文解字》中设有"囧"部,释"囧"为"窻牖麗廔闓明",象形。不知是哪位"大侠"在网络环境下"启用"了这个尘封数千年之久的"囧"字,"囧"成了八字眉、大张嘴的愁苦"国字脸",被赋予了郁闷、悲伤、无奈、无语等多种含义,并于 2008 年开始流行。

3. 外来偶发型

引进型与偶发型(隐性)词族的共同语素是新的,是受某些事件影响促发的,比如"×吧""×门""×贴士""×秀"等。引进型词族主要有两类:一类是某些事件或现象受到人们关注,这些新潮事物促发的外来词,借入国内后被仿拟了大量新词,形成词族;一类是专业术语类词族。

第一类词族跟语言接触有关,外来词容易成为词族的共同语素,如:"硬核××""低碳×""×吧"等容易进入类推格式,形成井喷式爆发。有些共同语素采取了音译的方式,如"吧(bar)""控(con)""秀(show)""贴士(tips)",

---

① 张谊生.论与汉语副词相关的虚化机制——兼论现代汉语副词的性质、分类与范围[J].中国语文,2000(1):3–15+93.

而"的"是"的士"的省略说法,来自粤语音译的"taxi",这些音译的语素在选取该汉字作为共同语素时,理据性不强;有些采取了意译的方式,如"硬核(hardcore)""低碳(low carbon)""门(gate)";还有些采取了音意兼译的方式,如"晒(share)",因为普通话中有晒被子、晒粮食等词组搭配结构,所以选用"晒"字作为"分享"义的汉化,有一定的理据性。有的词族借入汉语后与外语保持着同步发展,比如"×门(gate)";有的借入汉语后却有了不同发展方式,如"×吧(bar)""×族",走了与外语不同的发展道路。

第二类专业术语词族中的共同语素主要有"泛(pan-)、零(zero-)、后(post-)、准(para-)、类(quasi-)、亚(sub-)、超(ultra-)、次(sub-)"等。这些语素多意译自外文术语,但在汉语中构词能力逐渐增强,使用频率增加,并渐渐向社会生活领域扩展,根据新的适用范围产生新义。

专业术语词族中的共同语素大多属于外来性质,如"超""软""化",它们在外语中是标准的词缀,表达稳定的普遍的"类化"义。例如英语中"superman(超人)""superconductor(超导体)"的"super-",与汉语"超过、超出"的"超"具有意义的相关性。选用与外来词缀具有语义相关性的汉字作为词缀的共同语素,既满足了语言的经济原则,同时又使汉语使用者更易接受。该类共同语素长期存在汉语中,并逐渐地向词缀靠拢。

积淀型词族,形成的词语语义最易理解,如"×男""×女""×哥""×姐"等;旧词赋予新义型词族,语义相对也较为容易理解;引进型词族如"×门",语义就字面较难理解。它形成的词语也需要一个扩散过程,而且在进入汉语词汇系统后,受汉语表达方式和汉语自身系统特点的影响,语义内涵、语义色彩以及应用领域都经历了扩展。

这三类词族的共同语素都有泛化、虚化趋势,积淀型词族例如"×哥""×姐"本是亲属称谓,可在2010年度网民们却把它们"慷慨"地送给了值得关注的人甚至事物,于是产生了"吸力哥""7G哥"等新词;旧词赋予新义型词族"×帝"除了指代在某一方面做到极致的人外,也可以指代动物,比如"章鱼帝";"×体"则是人们对某种特定或流行话语格式的总结和归纳,比如有

"淘宝体""生活体""子弹体""陈欧体""凡客体"等,引进型词族的泛化、虚化趋势更是显著。

二、共同语素的语义泛化

董为光(2004)认为,当我们在讨论词语的意义结构时,通常会抽象出两种特别的结构模式:一是"辐射式引申";二是"连锁式引申"。辐射式引申是指从本义(或基本义)出发向不同方向发展出直接引申义,形成辐射状的意义结构;连锁式引申是指由本义(或基本义)出发单向发展出一系列间接引申义,形成链条状的意义结构。[①]

我们认为,语义泛化的特征是语素(或词)产生两个以上的转义。真正呈现典型"辐射式"或"连锁式"泛化结构的词语并不太多,复杂的意义结构都可以看成是这两种模式不同类型的组合。因此,提出第三种结构模式"复合式泛化"。

1.辐射式(放射式)泛化

一个词以 A 义为中心形成中心语义,接着产生 B、C、D 等新语义,B、C、D 义与 A 义之间距离相同或相近,于是,形成了以 A 义为中心向不同方向辐射的语义泛化。

案例 1."裸×"

"裸"的基本义是"身体部件外露",那么以"裸露"义为核心,辐射到身体方面,就有了"裸奔、裸聊";辐射到事物、物品上,就有了"裸房、裸车",意为"没有包装或任何附加工艺的";辐射到颜色上,就有了"裸色",意为"与肤色接近、轻薄且透明的颜色",如:"肉色、米白、淡粉等单纯清新的颜色";辐射到行为方式上,就有了"裸婚、裸考、裸捐、裸退、裸降",意为"简单直接、无准备、透明、公开、彻底、完全";辐射到人上,就有了"裸官",意为"是指配偶和子女非因工作需要均在国(境)外定居或加入外国国籍,或取得国(境)

---

① 董为光.汉语词义发展基本类型[M].武汉:华中科技大学出版社,2004.

外永久居留权的公职人员"。

案例 2."低碳×"

"低碳"由英语的"low carbon"翻译而来,而后向社会生活各个领域辐射,意为"低能耗、低污染、低排放的"或"环保的、节约的、健康的",如"低碳城市、低碳生活、低碳经济、低碳饮食";辐射到人身上,有"低碳哥、低碳妹",调侃意味较浓,意为"贫穷的、赤贫的"。

案例 3."轻××"

"轻"的原义表物体的重量小,后从重量义泛化出"轻松、程度低"等语义,并辐射到社会生活各个角落。"轻食""轻奢侈"表程度低;"轻课""轻阅读"表轻松活泼;"轻乳酪""轻芝士"表数量少。

2. 连锁式(绵延式)泛化

一个词从 A 义产生 B 义,A 义中总有某些成分被 B 义继承,B 义也总会改变 A 义中的某些成分。这样,从 B 义又产生了 C 义,从 C 义又产生了 D 义。但从总体上看,旧义中在人们的认知中具有凸显性的语义特征,容易被新义继承。

案例 1."晒×"

共同语素"晒"语义经历了从"分享(晒经验)"到"公开(晒收入)",再到"炫耀(晒恩爱、晒老公)"及"揭露、披露(晒内幕、晒腐败)"的衍生过程,从"分享"到"公开"到"炫耀"再到"揭露","晒"的语义呈连锁式泛化特征。

案例 2."国民××"

"国民"原义是具有某国国籍的公民,在当代社会逐渐具有了"全民公认的"语义,并带有一定的调侃性质,如"国民老公"。在此基础上,衍生出了"大部分人喜欢的"语义,如"国民媳妇"。之后,又衍生出"亲民的"语义,出现了"国民车""国民手机"。

案例 3."×吧"

"吧"源于英语的"bar",最初以外来词的身份输入汉语中。早期输入汉语时采用的是音译加注的方式,即先音译过来再添加标示词义的汉字,于是,有了"酒吧"一词。之后"吧"虽仍表示"酒吧"的意思,但"吧"独立性增强,将其完整的意义融入了汉语并参与了构词,产生了"吧女、吧台、吧娘"等词,它已从一个纯粹的单表读音的汉字演变成一个语素,代表整个词的意义参与汉语构词。在成为汉语语素后,"吧"的构词能力进一步增强,广泛地与其他语素结合构成新词语,如氧吧、陶吧、影吧、布艺吧、咖啡吧、玻璃吧、文化吧等,"吧"的语义已由英语中"旅店或餐馆中专供饮酒的小间或柜台"转化为汉语中"规模较小的休闲娱乐场所"。后来汉语中又出现了"语言吧、歌曲吧",指网上的某一主题空间,即一个虚拟场所。可见,"吧"的意义又由"规模较小的休闲娱乐场所"泛化为"一个虚拟的场所"。"吧"的意义经历了连锁型泛化过程,音译或意译后的外来词进入汉语词汇系统之后,先是部分音节代表整个词的意义参与构词,在获得语素资格之后便大量与其他语素(词)结合产生新词,其间,意义不断泛化并呈现出虚化的态势。"吧"的语义泛化,只保留了较多的"场所"义,而忽略了其实在与虚拟的差别。

3. 复合式泛化

一个词以 A 义为中心形成中心语义,接着产生 B 义,A 义有某些成分被 B 义继承,B 义也总会改变 A 义中的某些成分。在 B 义的基础上,又产生了 C、D 义。C、D 义之间与 B 义距离相同或相近,形成了以 B 义为中心向不同方向辐射的语义泛化。

案例 1."怒×"

"怒"的本意是"愤怒"或者形容气势很盛,以此义为中心产生出了"程度义"。在"程度义"的基础上,产生了"怒批""怒喷""怒踹""怒怼",表示"愤怒程度高";同时产生了"怒吃""怒学",表示"超常发挥";又产生了"怒赞""怒美",相当于程度副词,表示"非常"之意。

案例 2."绿色×"

"绿",《说文解字》释为"帛青黄色也,力玉切",表示物体的颜色,同时也具有形容词词义"绿色的、葱郁的"。在隐喻机制作用下,"绿"的语义逐渐抽象和泛化,表示"事物具有某种性质的标志"。在此基础上"绿色"有了多种语义,可以表达"符合环境保护要求的",如"绿色消费、绿色动力"等;可以表达"无污染、无公害、有益健康的",如"绿色食品、绿色包装"等;还可以表示"无申报、免验的、快速的",如"绿色通道"等。

案例3."山寨×"

"山寨"本义为"筑有栅栏等防守工事的山庄"。《宋·李心传〈建炎以来朝野杂记·龙州蕃部寇边〉》:"王钺又请于其前筑水礶山寨,以为戍守之所,朝廷皆从之。"《宋史·岳飞传》:"飞指画甚大,令已至伊洛,则太行一带山砦必有应者。"《元史·世祖纪七》:"发蒙古汉军都元帅张弘范攻漳州,得山寨百五,户百万一。""山寨"引申义为"穷寨子"或"旧时绿林好汉占据的山中营寨"。《水浒传》第五一回:"吴学究道:'山寨里头领多多致意,今番教吴用和雷都头特来请足下上山,同聚大义。'"

"山寨"义引申至"地理位置偏远隐蔽、政府难以管理"后,有了"山寨工厂",在此义基础上又向物质层面、文化层面、行为层面辐射。辐射到物质层面上,意为"盗版、克隆、仿制",主要应用于商业领域指山寨产品,如"山寨手机、山寨数码相机、山寨MP3";辐射到文化层面,意为"模仿、仿造",主要应用于非商业领域,如"山寨明星、山寨红楼梦、山寨百家讲坛";辐射到行为层面,有了"山寨行为"。

无论是积淀型还是旧词赋予新义型,或是外来偶发型词族中的共同语素,在当代汉语新词族形成过程中都经历了语义扩展。指称人的词族共同语素一般发生了类化,指称事物的词族共同语素一般都发生了辐射式、连锁式或综合式的语义泛化。在语义扩展的过程中,共同词素表现出较强的能产性,语义容纳性增强,使用范围也扩展到两个或更多领域。类化或泛化的过程中义素不断损耗,细节义逐渐减少,最后类化为某一抽象义,有时伴随有附加意义的生成。

汉语新词族共同语素语义的演变有时是临时性的,但随着使用频率的增加和使用范围的扩大,有逐渐稳定下来且成为多义的可能。原义在使用时通常采取无标记的方式,但很多引申义在产生之初是极不稳固的,一般会加上说明性词语作解释或者用引号做标记。如词族"×门"形成和使用之初,会加上"事件"一词作解释或者把"门"加引号。随着引申义的高频使用,转义正式获得被认可的地位后,后面的注释和说明类词语包括引号都会慢慢去掉。

三、语义演变原因

语义演变常常受到两种作用影响:第一,表达需求对词义的选择、加工作用;第二,语境对词义的凸现、附加、转移、改造作用。

表达需求对语义演变的影响有三点:第一,外部世界出现了新的事物、现象、观念,产生了新的表义需要,促使词义系统增加新的意义;同样,外部世界的更迭,也会使得部分词义丧失了原来的表义价值,成为词义系统的精简对象。第二,外部世界或事物的某一方面发生了变化,相关词语的意义随之悄然出现适应性的演变,这种演变大多是前后接替式的,只有一小部分产生了新的意义。第三,外部世界的因素作为某种诱因、某种机缘,促成、参与了词义的发展。

语境对共同语素语义的影响过程分四个阶段:第一,开始常用于 A 环境,偶用于 B 环境,产生临时用法。第二,A、B 语境使用频率一减一增,促使原核心义弱化,新边缘义产生,创新被接受,言语成分转为语言成分。第三,A、B 语境使用频率相当,促使原义偏离核心,新义接近核心。第四,A、B 语境一罕用,一常用,促使原义退居边缘,新义上升为核心意义。

词族中的共同语素语义是开放的,它的使用不只是将词语指派给现成的指称对象,而是一个促使使用者在尽可能多的对象之间,创造性地发现新指称关系的过程,同时它也能承受对自身语义的偏离,以容纳使用者的创造性。

共同语素语义的泛化或类化与其使用范围的扩大是相辅相成、互为因果的。语义由具体到抽象,意义的泛化或类化也会导致其使用范围的扩大。

使用范围的不断突破又导致语义不断衍化,因而能与更多的语素或词组合,形成新词语。因为能产性强,共同语素(或词)在使用过程中会链接到更多的语义关联点,产生了更多的转义,并导致了意义的变化——类化和泛化等,这正是词根向词缀转化的重要过程。语义类化又是词性类化的基础,共同语素(或词)形成了一定类义,才有可能标示同一词性。

第二节　共同语素与变动语素间的语义选择与搭配

一、单向高搭配性

单向高搭配性是指在保持结构整体性质不变的前提下,结构的一个位置上的成分可替换的同类成分不多,而另一个位置上可以有很多可替换的成分。①

大多数词族的共同语素都具有典型的极高的单向高搭配性,如"×门""低碳×""雷×",它们位于词族此位置时,搭配率较高。但是如果和变动语素交换位置,变成词族"门×""×低碳""×雷",那么这个共同语素的可搭配率极低或为零。

部分词族的共同语素如"吧""巴""热""的""云""梗",具有非典型的单向高搭配性,反过来说,它们具有一定的双向搭配性。不过,整体来看,还是体现出单向高搭配性的特点:多数词族的共同语素后附时可搭配率极高,比如"×吧""×巴""×热""×的""×梗"能产出更多的词语,而前附时可搭配率较低,比如"吧×""巴×""热×""的×""梗×"产出的词语相对较少。唯一的例

---

① 王洪君,富丽.试论现代汉语的类词缀[J].语言科学,2005(5):3-17.

外是"云××"词族,共同语素"云"前附时可搭配率极高,有"云搜索""云通信""云健身""云娱乐""云学习"等,能产出更多的词语,而共同语素"云"后附时,产出的词语相对略少。我们看以下几组例子:

A组:

1.×吧(此类推结构全是名词性质)

(1)名词性成分+吧:网吧、陶吧、布吧、画吧、茶吧、琴吧、话吧、车吧、水吧、冰吧、果吧、餐吧、棋吧、氧吧、迪吧、球吧、影吧、彩妆吧、英语吧、文化吧、漫画吧、书画吧、芦荟吧、玩具吧、温泉吧、玻璃吧、功夫吧、音乐吧、休闲吧、花卉吧、咖啡吧、股吧、报刊吧、彩票吧、零点吧、小说吧、资源吧、财经吧、球吧、桥吧、贴吧、大学生吧、意思吧、车吧、简历吧、表情吧、心灵吧、校园吧、茶餐吧、图吧、假日吧、海边吧、百度吧、考试吧、文章吧、陶吧、社会学吧、期货吧、影视吧、房吧、摄影吧、新闻吧、词吧、音乐吧、摩托吧、书吧、鸟吧、米粉吧、服饰吧、邮吧、家电吧、醋吧、果吧、粥吧、巧克力吧、泥吧、树吧、指甲吧、首饰吧、鞋吧。

(2)动词性成分+吧:泡吧、淘吧、动吧、读吧、改吧、看吧、问吧、聊吧、翻滚吧、表演吧、哭泣吧、发泄吧、游戏吧、醒悟吧、慢摇吧、好想吧、交友吧、击剑吧。

(3)形容词性成分+吧:酷吧、开心吧、清吧、凉吧、热吧、幽默吧、健美吧。

2.吧×(此类推结构全是名词性质)

(1)吧+区别词:吧男、吧女。

(2)吧+亲属称谓:吧哥、吧嫂、吧姐。

(3)吧+名词性语素:吧台、吧期、吧房。

B组:

1.×巴(此类推结构全是名词性质)

(1)区别词+巴:大巴、中巴、小巴、快巴。

（2）名词性语素+巴：楼巴、村巴、镇巴、城巴、水巴、农巴、厂巴、商巴、校巴。

（3）动词性语素+巴：卧巴。

（4）色彩义形容词性语素+巴：红巴、黄巴、绿巴、黑巴。

2.巴×（此类推结构全是名词性质）

巴+亲属称谓：巴姐、巴嫂、巴哥。

C组：

1.×热（此类推结构全是名词性质）

（1）名词性成分（部分是专有名词）+热：弗洛伊德热、尼采热、戈尔泰热、诸葛亮热、三毛热、张爱玲热、孔子学院热、宠物热、国学热、彩票热、奥数热、奖券热、文凭热、羽绒热、亚运热、汉语热、英语热、中文热、教育热、高考热。

（2）动词性成分+热：跳槽热、投资热、健身热、出版热、采宝石热、养鸡热、植棉热、养蟹热、植棉热、追星热、购书热、插花热、留华热、减肥热、旅游热、读研热、奥数热、经商热、淘金热。

（3）动名兼类词+热：装潢热、销售热、收藏热。

（4）偏正结构+热：职业教育热、社会丛书热、英语口语热、电子词典热、官场小说热、出国培训热、出国学习热、高考状元热、私人购车热、公车消费热、群众乒乓球热、公务员报考热、名牌消费热、课外辅导热、高考状元成功学热。

2.热×（此类推结构是动词性质或名词性质）

（1）热+动词性成分：热销、热骂、热生、热演、热穿、热卖、热映、热播、热搜、热议、热传、热捧、热迎、热炒。

（2）热+名词性成分：热宅、热词、热剧、热裤、热股。

D 组：

1.×的（此类推结构全是名词性质）

名词性缩略语+的：面的、摩的、轿的、飞的。

2.的×（此类推结构全是名词性性质）

的+亲属称谓：的哥、的姐。

E 组：

1.云××（此类推结构是名词性质或动词性质）

（1）云+名词性成分：云盾、云狗、云地图、云便签、云基金、云数据、云套餐、云图片、云物联、云系统、云相册、云新闻、云引擎、云硬盘、云音乐、云战略、云账号、云助手、云桌面、云笔记、云播放器、云平台、云生活、云演唱会、云餐馆、云门店、云菜场、云超市、云课堂、云讲座、云理论、云图书馆、云势力、云模型、云空调、云盘、云农场、云IT、云女友、云安全。

（2）云+动词性成分：云定位、云办公、云播放、云存储、云采集、云点播、云发展、云分发、云分享、云计算、云监控、云开发、云配送、云托管、云同步、云传输、云制造、云聊、云搜索、云通信、云健身、云娱乐、云学习、云运动、云休闲、云旅游、云观演、云吃饭、云蹦迪、云买菜、云赏春、云看病、云聚会、云扫墓、云监工、云看房、云就业、云签约、云招聘、云求职、云卖车、云卖房、云试驾、云逛馆、云读书、云聚会、云购车、云办公、云吃饭、云赏春、云拜年、云看灯、云捐赠、云复工、云签约、云庭审、云支付、云停车、云养汉、云养娃、云吸猫、云追星、云聊天。

（3）云+形容词：云智能、云健康。

2.××云（此类推结构是名词性质）

（1）名词性成分+云：阿里云、百度云、电信云、华为云、苹果云、盛大云、腾讯云、智能云、数据库云、弹性云。

（2）动词性成分+云：导航云、分发云、存储云、托管云。

（3）数词+云：360 云。

（4）区别词+云：私有云。

F 组：

1. ××梗（此类推结构是名词性质）

(1) 动词性成分+梗：融梗、抄梗、抛梗。

(2) 名词性成分+梗：言情梗、年龄梗、事故梗。

(3) 形容词性成分+梗：烂俗梗。

2. 梗×（此类推结构是名词性质）

梗+名词性成分：梗王、梗曲。

但是，词族"×秀"却具有比较强的双向高搭配性："秀"后附时可搭配率极高，前附时可搭配率也很高，如"服装秀、钻石秀"等。"秀"与变动语素（或词语）调换位置后，该词族由名词性质变成了动词性质，但是从意义上说，仍然可以搭配，如"秀服装、秀钻石"等。

然而，并不是所有的"×秀"词族都可以转变为"秀×"。如"网秀、艺秀、人妖秀、餐厅秀、歌迷秀、卡秀、换人秀、在线秀"等，我们如果转变为"秀网、秀艺、秀餐厅、秀歌迷、秀卡、秀换人、秀在线"等，就不合适。不过，还有个别如"秀场""秀女"这样的名词。

G 组：

×秀（此类推结构是名词性性质）

(1) 名词性成分+秀：计秀、网秀、伞秀、图秀、艺秀、服装秀、处女秀、玫瑰秀、时装秀、猛男秀、状元秀、内衣秀、谈话秀、歌舞秀、失误秀、泳装秀、钻石秀、街头秀、个人秀、政治秀、乐队秀、玫瑰秀、彩妆秀、舞台秀、影音秀、餐厅秀、民主秀、烟火秀、篮球秀、美女秀、宝宝秀、宝贝秀、电视秀、歌迷秀、歌厅秀、现场秀、真人秀、广场秀、卡秀、音乐秀、儿歌秀、歌手秀、写真秀、艺术秀、市场秀、集体秀、身体秀、军事秀、谎言秀。

(2) 动词性成分+秀：脱口秀、开台秀、变装秀、递转秀、模仿秀、倒阁秀、脱衣秀、打鼓秀、表演秀、轧空秀、促销秀、换人秀、换装秀、逼退秀、逼辞秀、演歌秀、压轴秀、喂鱼秀、灌篮秀、变脸秀、告别秀、魅影秀、扫描秀、闪光秀、在线秀。

（3）形容词性成分+秀：清凉秀、性感秀。

（4）动名兼类词+秀：微笑秀。

词族形成后具有单向高搭配性的特征，大多数共同语素都具有典型的极高的单向高搭配性，如"×门、低碳×、雷×"等；有的共同语素具有一定双向低搭配性的，如"×秀"；还有的词族共同语素具有较强的单向高搭配性，如"×吧、×巴、×热、×的"等。

二、组配的规则性

当代汉语新词族的内部搭配有规则性，并不是任意的。搭配的规则性是指搭配的成分及搭配后的整体意义是否可用语法或语义的类来控制。规则可分为两类：生成向周遍性和接收向周遍性。①

生成向周遍性规则，指具有某一语义类的所有语言成分均可周遍性地与其他类语言成分搭配，搭配后的整体语义可以根据搭配成分义和词族结构义来预测。语料中不曾出现的用例，只要它符合该变动语素位置语义类的要求，就有成立的可能，如词族"×盲"，只要表达在某方面不懂时，都有可能进入此搭配结构；如词族"××担当"，只要表示在某一方面表现突出的人，都可以进入此搭配结构；又如词族"秒×"，只要表达动作行为响应迅速、反应及时，都可以进入该词族；再如词族"被××"，凡是表达不情愿的语义，都可以进入该词族。

接收向周遍性规则，指具有某一语义类的部分语言成分（非所有同类成分）都可以与另一类语言成分搭配，搭配后的整体语义可以根据搭配成分义和词族结构义来预测。例如"×热"多与褒义或中性成分搭配（如"读书热、

---

① 王洪君,富丽.试论现代汉语的类词缀[J].语言科学,2005(5):3-17.

音乐热、科技热、健身热、奥运热、绘画热、微博热、收藏热"等),很少与带有明显贬义色彩的语言单位搭配。又如"×门"多与贬义或中性的成分搭配(如"伊朗门、拉链门、致癌门、造假门、电话门"等),很少与带有明显褒义色彩的语言单位搭配。

考察发现,当代汉语新词族中,几乎每个词族的共同语素都有一条或几条生成向周遍性规则,但每个词族的共同语素都一定会有接收向周遍性规则。制约词族接收向周遍性规则的因素较多,有语义色彩方面的限制,如"×门""×热"就对该词族的变动语素语义色彩有了要求;有词性方面的限制,如"裸×""零×"等词族的共同语素限制了搭配语素的词性;有音节方面的限制,如"换×""拼×""绿色×""×贴士"等词族结构限制了变动语素的音节。据我们对语料的观察,词族"换×""拼×"中的"×"一般是单音节,"绿色×""×贴士"中的"×"大多是双音节。

一般而言,纯指人的词族具有较高的生成向周遍性,因为这类词族对前面变动语素的要求不高,褒义、中性、贬义的语素或词语都可以无尽搭配。纯指和兼指事物或现象的词族具有较高的接收向周遍性,因为这类词族有的限制了搭配语素的语义色彩,有的词族共同语素限制了搭配语素的词性,还有的限制了变动语素的音节等。

三、共同语素与不同语素间的深层语义关系不同

同一词族中共同语素与不同语素间的深层语义关系不同。比如"×族"有"考研族、拇指族、飞鱼族"等,"考研""拇指""飞鱼"等与"族"的关系是不同的。"考研族"指的是"考研的人",从字面即可理解语义;"拇指族"指的是"经常用拇指按着手机键盘收发短信、玩游戏、下载新闻、音乐以及卡通等,离不开手机的人",是一种借喻;"飞鱼族"则特指"在国内已取得不俗成绩,但毅然放下一切,到国外名校求学的特殊中国群体",也是一种比喻。

朱彦(2010)依据属性的不同,把"×的"词族所关涉的词语模式,大致分为以下几种:①

模式Ⅰ:面的、轿的、摩的、奔的

属性:A 词法结构:N+N 的定中式

　　　B 语义框架:N 的—R 是—N

　　　C 成分的语义特点:"的"指一种陆上出租用机动交通工具

模式Ⅱ:货的

属性:A 词法结构:N+N 的定中式

　　　B(1)语义框架:N 的—V—N

　　　C 成分的语义特点:"的"指一种陆上出租用机动交通工具

模式Ⅲ:残的

属性:A 词法结构:N+N 的定中式

　　　B(2)语义框架:N—V—N 的

　　　C 成分的语义特点:"的"指一种陆上出租用机动交通工具

模式Ⅳ:板儿的

属性:A 词法结构:N+N 的定中式

　　　B 语义框架:N 的—R 是—N

　　　C(1)成分的语义特点:"的"指一种陆上出租用非机动交通工具

模式Ⅴ:马的、驴的、骆的

属性:A 词法结构:N+N 的定中式

　　　B(2)语义框架:N—V—N 的

　　　C(1)成分的语义特点:"的"指一种陆上出租用非机动交通工具

模式Ⅵ:飞的

属性:A 词法结构:N+N 的定中式

———————————

① 朱彦.创造性类推构词中词语模式的范畴扩展[J].中国语文,2010(2):146-161+192.

　　B 语义框架:N 的—R 是—N

　　C(2)成分的语义特点:"的"指一种空中非出租用机动交通工具

模式Ⅶ:火的

属性:A(1)词法结构:A+N 的定中式

　　B(3)语义框架:N 的—A

　　C 成分的语义特点:"的"指一种陆上出租用机动交通工具

模式Ⅷ:水的

属性:A 词法结构:N+N 的定中式

　　B(4)语义框架:N 的—R 在—N

　　C(3)成分的语义特点:"的"指一种水上出租用机动交通工具

　　由此可见,同一词族的变动语素与共同语素之间的语义关系、语法结构并不完全相同。例如词族"×的"的语义关系就有"N 的—R 是—N""N 的—V—N""N—V—N 的""N 的—A""N 的—R 在—N"五种,词法结构有"N+N 的定中式"和有"A+N 的定中式"两种类型。又如词族"××哒","么么哒"中的"么么"是形容亲昵的声音;"胖胖哒""美美哒""萌萌哒"中的"胖胖""美美""萌萌"用来形容外在的状态;"坏坏哒""笨笨哒"是形容内在的性质;"暖暖哒""香香哒""妥妥哒"是强调主观的感受;"谢谢哒""学学哒""亲亲哒"则是主观意愿的表达。再如词族"××担当","颜值担当"指称的是人的外表;"野蛮担当""幽默担当""搞笑担当"指称的是人的性格;"微笑担当""性感担当""智商担当"指称的是人的特征;"摄影担当""恋爱担当""学术担当"指称的是人在某方面的能力。

第三节　感情色彩的演变

词语的感情色彩与社会生活、人们的语言心理等方面有紧密的共变关系。杨振兰(2003)指出:"感情色彩是人类对真善美和假丑恶的是非、伦理、道德评判在词义中的反映。一般情况下,这种评判体现了全人类千百年来约定俗成的共同的情感认定标准,因而感情色彩是具备社会性和稳固性的词义内容的一部分。社会、时代和人类认识的发展也会带动主体对某些对象情感评判标准的变化,这一切都意味着词义感情色彩在发展中会产生种种情形的变化。"①

一、不同词族或同一词族内部语义色彩有差别

词族结构按语义色彩可以分为四类:贬义("×门")、中性("×吧""刷×")、褒义("绿色×""硬核××")、内部色彩不一致("×秀""×帝""××盛宴""×二代""实力××")。有的词族单纯表达正面的或负面的或中性的语义,比如"×门"表达负面事物,"×吧"表中性事物,"绿色×"表正面事物。有的词族既可以表达正面,又可以表达负面的或中性的语义,语义色彩既与共同语素搭配的词或语素有关,也与共同语素的语义演变有关。比如词族"实力××","实力"搭配"好看""可爱""圈粉"等词时,属于褒义色彩;搭配"对比""蒙圈""捂脸"等词时,属于中性色彩;搭配"坑爹""辣眼""假唱"等词时,属于贬义色彩。

词族的语义色彩与词族来源方式无关。因语义转化形成的积淀型词族,有褒义(×霸)、也有中性(裸×)、还有贬义(雷×)。引进型词族,有褒义

---

①　杨振兰.动态词彩研究[M].济南:山东人民出版社,2003.

(低碳×、硬核××),也有中性(×吧),还有贬义(×门)。

积淀型共同语素本身为中性,如"×男、×女、×哥、×帝、×二代"等。但是同一类推结构形成的词,语义色彩无内部一致性。比如,既有"潇洒男",又有"龌龊男"。"×哥、×帝、×二代"构成的词语,也可以有中性词、褒义词和贬义词。类推结构的语义色彩由"×"来决定,"×"的多样性和可变性决定了"×帝(男、女、哥、二代……)"族词感情色彩的多样性,有褒有贬,有赞赏,有讽刺,其语义色彩与社会语境所赋予的语义内容有关。

以"×二代"为例。"二代"指一种自然的传承关系,本身是中性的,社会上出现的形形色色"×二代",既有积极向上充满肯定义的,如"学二代""拼二代";又有中性的,如"演二代""民二代""独二代";还有一些词语如"富二代",究竟是羡慕赞叹义还是愤恨不满意,具体的语义色彩需要在语境中判断。再以"××狗"为例,"颓废狗""势力狗""拜金狗""炫富狗"贬义色彩浓厚,而"辩论狗""健身狗""摄影狗"则为中性,"留学狗""创业狗""恩爱狗"则为褒义。

二、词族感情色彩的演变

词族在形成及演变过程中,语义色彩也会发生变化。如"嫂"在意义泛化、抽象化的过程中,增添了"尊重敬佩"的附加义;"姐"增添了"尊重亲近"义;"帝"增添了"戏谑调侃"义等。

再如词族"×控"开始使用时是贬义,形容人的行为或态度过于极端,有明显"偏执、不正常"的隐含义,形成的"控"族词有"妹控、正太控、萝莉控、百合控、绝对领域控"等。但在使用中,"控"的隐含义逐渐脱落,现在人们把正常喜欢某一事物的人也称为"×控",出现了"图书控、火锅控、长发控、手机控、发带控"等。新"控族人"褒贬均有,但在语言的传播和运用中,词族"×控"产生之初的贬义色彩逐渐消退,成为一个中性词语。又如词族"×帝、×霸"等,在"文革"或其他历史时期都曾是贬义词或贬义性语素,而新时期以来却发展成为褒义或中性语素。

左林霞(2004)指出:"进入新时期以来,新词语产生的速度非常快,量也非常大,其中贬义性词语所占的比例却很低,社会生活对词语感情色彩的演变具有如此大的影响力,以至于在社会急剧变化时期,人们的价值观念和评判是非善恶的道德标准往往会有较大的改变,许多词的感情色彩也随之发生重大变化。"①盛银花(2002)在谈及词语感情色彩的变化时说道:"贬义褒用有其内在理据,它是现代生活多元化在汉语词汇中的反映,是力求充分张扬个性化特征的社会心理在词语使用中的体现,是社会求新、求奇、求险、求异心理的一种表现。就好像古人写诗押险韵一样,用字也用险字,力求避免稳而平淡。"②

整体来看,当代汉语中性色彩的词族居多。因为新词族大多是某些社会现象或人群的指称,是当今人们社会意识和心理的直接反映,一种全社会的新锐话语形式。人们使用这些新词时的调侃性、娱乐性较强。在当今语言运用中,求新求变也已成为一种普遍的诉求,而贬义词的"去贬义化"或趋于中性化,既成为实现上述诉求的有效途径之一。"去贬义化"也反映了社会风尚的变迁,以及人们对词语认知心理的变迁。比如词族"囧×"流行的背后,反映的是当代生活节奏快、压力大、受众心态需要调整的文化心理。不过,大家穿"囧鞋"、拎"囧包"想表达的并不全是悲伤、郁闷。"囧"的感情色彩已经从最初的消极义过渡到了积极义,表达了一种轻松、调侃的休闲心态。又如词族"怒×",从最初的"怒批""怒斥",到后来的"怒赞""怒美""怒蓝","发怒"的语素义开始脱落,"怒"逐渐"去贬义化",仅保留"程度高"的语义。词族"××癌"也是如此,"癌"本身是一种医学疾病名称,如今用来指称难以根除的坏习惯、坏现象、坏症状,比如"直男癌""少女癌""贪腐之癌",之后语义逐渐"去贬义化",产生了"过年癌""打球癌"等中性词族成员。再如词族"××猿(程序猿、公务猿)"流行的背后,也是以调侃自黑的口

① 左林霞.从词义感情色彩的演变看语言与社会互动[J].理论与实践,2004(10):83-84.

② 盛银花.说说"魔鬼"[J].语文教学与研究,2002(23):9.

吻,反映了特定人群在当下社会的困境与压力,"狗"与"猿"在传播过程中日益"去贬义化"。

许多词族在不断扩展的过程中,语义色彩也逐渐向中性靠拢。第一,放宽了语义色彩的限制,语义色彩拓宽,才能有更多的语素或词进入该类推结构;第二,高频使用会使词语本身的语义色彩淡化,如同说了一千遍的谎言类似于真实;第三,词族中有不少是偶发性、随机性的搭配,但很快受到人们青睐,这部分词族中变动语素的语义影响了共同语素的语义色彩,使共同语素"去贬义化"。

三、词族语义色彩与语言的主观性

词族在语义色彩上的变化趋势体现了人们心理特征对语言发展的影响,从一个侧面体现了语言的主观性。

语言具有这样一种特性,即在话语中多多少少总是含有说话人"自我"的表现成分。也就是说,说话人在说出一句话的同时表明自己的立场、态度和感情等,从而在话语中留下自我的印记。也就是说,说话人在会话时总想用有限的词语传递尽量多的信息,当然也包括说话人的立场、态度和感情,所以词族在语体色彩上又附加了很多感情色彩。词族往往融入了言者对客观事物的认识,带有强烈的主观性。Edward Finegan 指出(据沈家煊2001),语言的主观性表现在三个方面:说话人的视角、情感和认识。"视角"就是说话人对客观情状的观察角度,或是对客观情状加以叙说的出发点。"情感"一词应作宽泛的理解,包括情感、情绪、意向、态度等。"认识"指的是说话人对客观情状的主观反映。[①] 新词族在当代汉语里要传达出怎样的语义和感情色彩,取决于认知主体对相关信息的主观体验。词族对感情色彩的突显,就是言者主观性的体现。每一个近些年流行的新词族,都已经成为一种极富有语言张力与表现力的网络流行构式。任何一个新词族的广泛使用和扩

---

① 沈家煊.语言的"主观性"和"主观化"[J].外语教学与研究,2001(4):268-275+320.

散都与人们的认知心理息息相关,人们用"词族"这种独特的语言形式表达着人们独特的认知心理。

四、其他

语义演变是所有语言共有的语言现象,语义演变的原因有很多,包括语言的自然发展、社会环境的变化、文化的发展、语言的接触等。束定芳指出,语义变化的类型有:一是词义范围发生变化;二是词义的感情色彩发生了变化。[①] 就当代汉语新词族而言,我们认为其共同语素(或词)语义的改变主要有两种类型,即语义的范畴延伸和语义的范畴转换。语义的范畴延伸是指将一个概念的范围扩大或缩小,从而改变它的意义。它可以通过添加新的属性、特征和描述来实现,也可以通过删除旧有的属性、特征和描述来实现。通常指词义在本义的基础上横向扩大化,并从具体发展到抽象,语义单位演变后的意义所指代客观事物范围比原来的要大,即新义大于旧义,这是在同一个语义范畴内进行的语言活动,是将一个词汇的语义范畴扩展到与其具有相似或相关含义的其他词汇上的过程。语义的范畴转换是指在词语本义的基础上词义发生纵向的改变,比如词义的语义色彩变化,语义从一个范畴跨入另一个范畴以及由此产生的词性的改变,它通常涉及将一个概念从一个特定领域转换到另一个领域。

人们往往在经意亦或不经意的情况下,会在理解词族原型范畴意义的基础上,对词族共同语素的非原型范畴意义进一步拓宽,甚至是发生某种程度的颠覆。这类语言变异的产生某种程度上也顺应语言发展的需求,同时也是其发展的必然结果。

---

① 束定芳.现代语义学[M].上海:上海外语教育出版社,2005.

第四章
当代汉语新词族的功能演变

第一节　几个相关问题

一、词缀与类词缀

1. 关于词缀

朱德熙(1982)在《语法讲义》中提出了"词缀"这一术语。之后,沿用这一名称的有郭良夫(1983)、马庆株(1995)、卞成林(2000)等。但研究语法领域的专家对词缀的认定范围、判定标准不一。赵元任在《汉语口语语法》中说:"在现代汉语里,词已经多数变成双音节或多音节,很多早先是自由单音节语素——换句话说,词——现在只是作为黏着语素出现在复合词里头。而且,少数出现在复合词里的黏着形式已经失去它们作为根素的意义,取得语缀的身份,标志它所参加的词的功能,用以形成各种类型的派生词。"①可见,赵元任先生认为"语缀(词缀)"必须具备两个条件:一是词缀必须是复合词中的黏着语素,而且位置固定;二是自身已经失去作为词根的意义,完全虚化。

---

① 赵元任.汉语口语语法[M].北京:商务印书馆,1979.

之后,学界较为一致认为从语义上,汉语词缀表达虚化的意义,即通常表达某种附加性的词汇意义或语法意义(赵元任1968、吕叔湘1979、郭良夫1983等)。从形式上,词缀是粘着的,即不自由的,它不能离开词根而存在(赵元任1968、吕叔湘1979等)。词缀还具有定位性和能产性,类推性强,同时可以标示词性,而且语音大多已经弱化。总结起来,词缀的主要特点是意义虚化、位置固定、同时具有类推作用和标示词性的功能。但是,基于不同的标准,各专家认定的词缀数量也不一致。有些学者对词缀的认定比较严格,认为只要自身包含一些实在的语义,就不能轻易认定为词缀,也有一些学者对词缀的认定比较宽松,所以词缀的认定数量差异很大。公认的现代汉语的典型词缀主要有"老、子、头、儿"等。

古汉语里单音节词较多,现代汉语里双音节词占优势。汉语词汇在发展的过程中逐渐趋向双音节化:一方面,一些单音节词渐渐丧失了独立成词的资格,变成了词缀,如"阿""子"等;另一方面,过去的单音节词逐渐被双音节词代替,例如古汉语里的"师"前须加"老"构成"老师","石"后要加"头"成"石头"。

2.关于类词缀(即词缀化倾向)

"类"即"相似"之义,"类词缀"就是"相似于词缀"但还不是词缀的意思。这个术语在承认词缀与类词缀存在相似之处的同时,也道出了它们的差别。现代汉语是形态不丰富的语言,只有"老、子、头、儿"等少量的典型词缀。词根到词缀之间是个渐变的连续统,真正词汇意义完全虚无的词缀在汉语里很少。多数类似词缀的语素处在词根向词缀的过渡阶段,因此用类词缀来指称。改革开放之后,我国社会发生了沧海桑田式的巨变,在语言上最显著的反映就是类词缀的大量增加。20世纪70年代之前,存在的类词缀仅有"性、化"等少数几个,如今,类词缀的数目已经增加到几十个甚至上百个。类词缀产生的动因一方面是基于类推机制的语言内部生产能力,另一方面是外部社会语用环境。

随着社会的发展和语言的演变,新的类词缀不断出现,为汉语词汇的发展提供了新的可能性。类词缀与汉语词汇发展趋势之间存在密切的关系,首先,类词缀可能会衍生出新的词语,这些新词语在一定程度上丰富了汉语词汇的体系。其次,类词缀可以影响词语的构词方式、表达意义以及使用范围,这些变化使得汉语词汇更加丰富、灵活、生动,具有创新性,从而在一定意义上推动了汉语的演变和发展。最后,在汉语的发展过程中,一些类词缀可能会与其他类词缀相互融合,形成新的词缀。这种融合丰富了汉语的表达方式,使得汉语更加灵活多姿。

当前词缀化倾向的发展趋势存在着如下三种可能性:第一,部分类词缀有弱化为真正意义上的词缀的可能性。张谊生(2002)文章《说"×式"——兼论汉语词汇的语法化过程》也通过对"式"的细致剖析和考察,充分地证明了这一点①。如果我们对各个语素的发展情况都进行深入地考察和分析,会发现有些语素正行进在词缀化的轨迹上。第二,部分类词缀有回归词根的可能性。汉语词缀由词根虚化而来,但其过程极为缓慢,几千年来,真正意义上的汉语词缀很少。所以,近几十年内出现的大量类词缀也不可能都演变为词缀。经过长期的发展,多数类词缀的使用频率会断崖式降低,使用范围会大规模萎缩,有再次回归词根的可能性。第三,部分类词缀有长期保持在中间状态位置上的可能性。如果说词根和典型词缀是连续统的两极,那么处于中间状态的成分处在一条漫长的发展道路上。它们在渐变的过程中,因自身特点和环境条件不同,发展变化的速度也各不相同。一部分可能发展变化比较慢,较长时间内停留在中间状态的位置上。如"零""准""族"等,它们在词缀化进程中的发展并不是很快,目前为止还是保持在中间状态的位置上,与原词根较为接近。但是与原词根相比,它的意义明显虚化,位置趋于固定,使用频率较高而且能产性较强,具有词缀化的倾向。

---

① 张谊生.说"×式":兼论汉语词汇的语法化过程[J].上海师范大学学报,2002(3):96–105.

张云秋（2002）根据"化"缀词"×化"功能弱化的等级将其分为四个序列：

（1）×化：美化、丑化、绿化、强化、深化、简化、优化等；

（2）×化：恶化、欧化、同化、退化、风化、合理化、公开化等；

（3）×化：年轻化、男性化、专业化、标准化、理想化；

（4）×化：整体化、名物化、知识化、全球化、类型化。

其中"×化（1）"动词性最强，具有及物动词特征，"×化（4）"动词性最弱，具有一些名词性特征。从"×化（1）"到"×化（4）"是一个连续统，动词性从强到弱的虚化顺序是：×化（1）>×化（2）>×化（3）>×化（4）。①

词缀的发展具有层次性，汉语的词缀化倾向使汉语词汇系统成了一个有层次性的开放系统，同时也是一个有序的集合体。这种开放和有序相统一的组织状态，为新词族的产生提供了有利条件。我们在研究类词缀问题时，除了描写和分析它的性质、特点，应更加注意从动态的角度来分析。将不同层次的共时状态加以分析、研究，能更准确地把握这种语言单位。

3. 关于新词族的共同语素

当代汉语批量产生新词的并不局限于词缀、类词缀。越来越多的新词由某些意义发生泛化的语素或词语，与其他语素或词语相结合产生。

按照共同语素的特征，我们把当代汉语新词族分为三类：一是共同语素为词缀的新词语词族；二是共同词素为语义趋向虚化的（即词缀化倾向或类词缀）新词语词族；三是共同语素意义实在，但是语义发生泛化或类化新词语词族，如当代汉语中出现的构词能力强且位置在前的双音节实语素（"山寨×""绿色×""实力××"等）。当代汉语产生的新词族以后两类居多。我们认为，意义趋向虚化或泛化的词根作为共同语素，在新词语词族的构造过程中起到了越来越重要的作用，对汉语词汇体系的发展提供了新的动力。

---

① 张云秋."化"尾动词功能弱化的等级序列[J].中国语文,2002(1):50-54.

二、语法化与词汇化

1. 语法化

语法化是语法范畴、语法成分或语法结构产生和形成的过程或现象,语法化通常指语言中意义实在的词转化为无实在意义、表语法功能成分的过程或现象,中国传统的语言学称之为"实词虚化"。虚化包含两部分:一部分是实词虚化为虚词,一部分是虚词变为更虚的成分。当代汉语新词族中的共同语素有相当一部分正在经历语法化的过程,词缀或类词缀的产生就属于语法化现象。如"民族、汉族"的"族"衍生出"追星族、上班族、月光族、啃老族";"水门事件"意译出来的"门",意义逐渐虚化到"诚信门、偷拍门、艳照门";"族""门"等在汉语造词过程中非常活跃,并发生意义虚化的过程就是语法化。虽然词缀并非汉语语法化词汇化的必然趋向,单汉语的历史演进中这一语言单位从来没有消失过;且每遇社会大变革或有新文化介入的关键阶段,词缀现象便显得特别活跃。①

2. 词汇化

词汇化是指短语或词组逐渐凝固或变得紧凑而形成单词的过程。这可以从共时角度来讲,也可以从历时角度来看。从共时角度来看,指在语言系统中将概念转化为词的过程。从历时角度来看,指经过历时的变迁,将非词单位变成词的过程。

词族生成的语言单位可以是词,也可以是短语。词和短语的界限本身并不清晰,从功能上看,短语和词都是句子的构成单位。但因人们的语感和分析角度不同,所以具体一个语言单位具体是词还是短语也不好说。词与短语之间没有绝对的界限,如王力(1953)指出"词与短语之间存在着过渡地带"②。周荐(1999)认为双音节是典型的词形结构这是公认的标准,对于三

---

① 崔应贤.汉语构词的历史考察与阐释[M].北京:新华出版社,2019.
② 王力.词和仂语的界限[J].中国语文,1953(9):53-56.

音节结构和三音节以上的结构宜看作短语结构。① 本书认为三音节以上的语言单位也不好统一认定为短语。比如"她(他)时代",有的学者认为"她(他)时代"是合成词,因为该结构可以独立运用,中间也不能插入别的成分。还有的学者认为"她(他)时代"是偏正短语,"她(他)"用来修饰"时代"。本书认为"她(他)时代"到底是词还是短语一时难以界定,因为"她(他)"这个语素尚处于语义虚化的进程中,处于词根到词缀的中间阶段,与"时代"等词的组合能力处于词缀之下语素之上,因而导致划分的困难。

类似的新词语出现后,随着人们频繁使用,其结构有可能渐渐变得紧凑、凝固,向"词"的方向靠拢。在靠拢的过程中,不同词语词汇化的进程不同。有的已经被词典认定为词,有的则处于由句法向词法的过渡状态中。

三、组合能力与新生类推潜能

1. 组合能力

组合能力是指参与构造已有词语的能力。词族按照目前已经表现出来的组合能力可以分为结合面宽的、结合面窄的两类,当然宽窄是相当而言的。组合能力是词族类推机制的外在体现,类推能力强的共同语素或词,与其他变动语素或词组合的能力才强。

刁晏斌(2004)指出:"我们考察准词缀的'发达'和'活跃'程度,大致有三条标准:一是看由它构成的词的数量,二是看由它'随机构成'(即带有临时性质的组合)的词的数量,三是看由它构成的词语的使用频率。"②前两条标准都和共同语素的组合能力有密切关系。

2. 新生类推潜能

王洪君(2005)认为组合能力是指参与构造已有词语的能力,新生类推

---

① 周荐.双字组合与词典收条[J].中国语文,1999(4):304-309.

② 刁晏斌.现代汉语准词缀发展变化的几种模式[J].廊坊师范学院学报,2004(3):4-7.

潜能是指构造从未出现过的新词新语的能力,即构造新词的潜能①。词缀、类词缀及已形成一定类义的语素都具有很强的组合能力,只是程度有所不同,但三者的新生类推潜能却有本质区别。词缀的新生类推潜能极弱,类词缀和已形成一定类义的语素,则具有很强的新生类推潜能。

当代汉语新词族主要讨论类词缀和已形成一定类义的语素作为共同语素时的类推能力。所以,当代汉语词族不仅具有很强的组合能力,而且具有很强的新生类推潜能。几乎每个词族都可以根据语言使用的需求随时创造新词,其新生类推潜能近于无限。

第二节　语法功能上的演变

一、共同语素在用法上的变化与发展

在使用过程中,当代汉语新词族共同语素的功能得以增强、用法得以扩展,主要表现在构词能力增强、词性发生演变、外来语素与汉语不断融合等方面。

(一)语素构词能力增强

外来词大量涌入后,往往在类推作用下形成类聚,一些本来没有意义的音节慢慢具备了一定意义,并成为汉语中的有效构词成分融入汉语。如"Bar"译为"酒吧"后,涌现出"迪吧、网吧、陶吧、氧吧、吧台、吧女、吧凳"等。"黑客"的"客"也是音译,后衍生出"博客、播客、晒客、闪客"等。

案例 1. "吧"

音译语素"Bar"参与汉语构词后,意义是"提供各种休闲方式的娱乐场

---

① 王洪君,富丽.试论现代汉语的类词缀[J].语言科学,2005(5):3-17.

所"。"吧"的性质已发生变化,由最初音译时的不自由语素发展为半自由语素,并且"吧"在这些词里具有了实语素的特点。以上现象表明,音译语素参与汉语构词已成为当代汉语新词族的新特点。

(1)位置在后构成"×吧"

位置在后构成"×吧"时,有"名词性成分+吧""动词性成分+吧""形容词性成分+吧"等形式。

(2)位置在前构成"吧×"

位置在前构成"吧×"时,有"吧+区别词"(吧男、吧女);"吧+亲属称谓"(吧哥、吧嫂、吧姐);"吧+名词性语素"(吧台)等形式。

(3)单独使用

①白天,他们在自己的位置上勤奋干活,恪守一切现实规则;晚上,就到"吧"里来放松自己的神经和心情。(《羊城晚报》1999 年 4 月 7 日)

②在一些休闲场所常能看到结伴的女性:爱静的泡在各种各样的吧里,轻啜慢饮小巧的茶点、可人的冰激凌、或者啤酒……(《中国广播报》1999 年 5 月 30 日)

(4)作为名词性语素与动词性成分搭配

"吧"可以作为名词性语素与动词性成分搭配,构成动词性词组,如"泡吧"。

1)×吧(此类推结构全是名词性质)

①名词性成分+吧:网吧、陶吧、布吧、画吧、茶吧、琴吧、话吧、车吧、水吧、冰吧、果吧、餐吧、棋吧、氧吧、迪吧、球吧、影吧、彩妆吧、英语吧、文化吧、漫画吧、书画吧、芦荟吧、玩具吧、温泉吧、玻璃吧、玩具吧、功夫吧、音乐吧、休闲吧、花卉吧、咖啡吧、股吧、报刊吧、彩票吧、零点吧、小说吧、资源吧、财经吧、桥吧、贴吧、大学生吧、意思吧、车吧、简历吧、表情吧、心灵吧、校园吧、茶餐吧、图吧、假日吧、海边吧、百度吧、考试吧、文章吧、陶吧、社会学吧、期货吧、影视吧、房吧、摄影吧、新闻吧、词吧、摩托吧、书吧、鸟吧、米粉吧、服饰吧、邮吧、玩具吧、家电吧、醋吧、粥吧、巧克力吧、泥吧、树吧、指甲吧、首饰吧、鞋吧。

②动词性成分+吧:淘吧、动吧、读吧、改吧、看吧、问吧、聊吧、翻滚吧、表演吧、哭泣吧、发泄吧、游戏吧、醒悟吧、慢摇吧、好想吧、交友吧、击剑吧等。这一类的"×"是动词性结构,加上"吧"后变成名词性结构。

③形容词性成分+吧:酷吧、开心吧、清吧、凉吧、热吧、幽默吧、健美吧。

2)吧×(此类推结构全是名词性质)

①吧+区别词:吧男、吧女。

②吧+亲属称谓:吧哥、吧嫂、吧姐。

③吧+名词性语素:吧台、吧期、吧房。

从语法功能看,"吧"已经由单纯的表音成分演变为半自由的语素,既可以前附也可以后附,而且独立性越来越强。此外,还出现了"泡了一天吧""玩了一天吧""逛各式各样的吧"等形式,说明"泡吧、玩吧、逛吧"可以被看作"离合词",即中间允许插入一定成分。

案例2."的"

"的"也是如此,从粤语音译过来后,迅速北上,在全国开始使用。成词时位置很灵活,可前附可后附,能产性极强。

(1)位置在后构成"×的"

位置在后构成"×的"形式时,一般是"名词性成分+的"。

(2)位置在前构成"的×"

位置在前构成"的×"形式时,可有"的+亲属称谓""的+名词性语素"等形式。

1)×的(此类推结构全是名词性的)

名词性成分+的:马的、飞的、轿的、驴的、摩的、面的……

2)的×(此类推结构全是名词性的)

①的+亲属称谓:的哥、的嫂、的姐。

②的+名词性语素:的票、的费。

（二）词性演变

当代汉语新词族的共同语素（或词）性质以名词性、形容词性、动词性居多。但是在使用中，名词和形容词性的共同语素其词性往往发生演变，同时具有动词性质。

案例 1."山寨"

"山寨"在词性上的演变最突出。"山寨"在《现代汉语词典》中的意思为在山林中设有防守的栅栏的地方或有寨子的山区村庄。现代社会中"山寨"多指我国部分少数民族聚居之地，如湖南彝族山寨、云南侗族山寨等，词性为名词。词族"山寨×"开始流行的时候，"山寨"为区别词，有"山寨手机、山寨数码相机……"，随后又出现了动词用法，如"2011 美妆山寨中国风"（腾讯网，2011 年 3 月 12 日）。

山寨×（此类推结构全是名词性质）

（1）山寨+普通名词：山寨版、山寨帮、山寨潮、山寨车、山寨风、山寨街、山寨军、山寨剧、山寨品、山寨机、山寨明星、山寨手机、山寨新闻、山寨乐园、山寨取款机、山寨厂商、山寨工厂、山寨文化、山寨春晚、山寨风。

（2）山寨+专有名词：山寨×××、山寨××明星。

案例 2."控"

"控"在词性上的演变也很突出。新词族"×控"在应用中，开始多为名词，意义为具有某种情结的一类人。一般有"名词性成分+控""动词性成分+控"" 形容词性成分+控""字母词+控"等形式。后来"控"用作动词，构成"控×"格式，意义为对……有某种情结，例如：

（1）其实我最控天蝎男。

（2）控得还真是多。

（3）我什么都控。

×控(此类推结构全是名词性质)

①名词性成分+控:御姐控、美少年控、猫耳控、银发控、冰山控、制服控、狐狸控、格纹控、碎花控、建筑控、鞋控、文具控、伪娘控、妹妹控、男性发卡控、绯闻控、绝对领域控、食物控、纯棉控、高跟鞋控、流苏控、封面控、眼镜控、大龄偶像控、镜子控、长靴控、宝宝控、包包控、细节控、西装控、杂志控、学院风控、电影控、数码控、马尾控、西瓜控、火车控、眼镜控、化妆控、盒子控、帽子控、耳钉控、美丽控、图书控、火锅控、长发控、手机控、发带控、品牌控。

②动词性成分+控:骑车控、睡觉控、播音控、旅行控、化妆控、通杀控、食控、路过控、跑步控、蹦极控、播音控、过膝控、熬夜控、结婚控。

③形容词性成分+控:强大控、腹黑控、脑残控、美丽控。

④字母词+控:KENDO控、ALL控、LOLI控。

案例3."囧"

"囧"最初是形容词,直接修饰名词性成分,意为"尴尬"。后来"囧"逐渐出现了重叠"囧囧"(如"囧囧兔、囧囧熊")、作动词("不得不囧一下、今天你囧了没有")等新用法。

囧×(此类推结构全是名词性质)

囧+名词性成分:囧人、囧事、囧图、囧片、囧闻、囧照、囧脸、囧客、囧论坛、囧神、囧包、囧鞋、囧网站、囧吧、囧广告、囧语、囧句、囧民、囧视频、囧歌、囧文化、囧产品、囧科技、囧猫。

案例4."秀"

从词类的角度观察,"秀"可以用作动词、名词、形容词,分别标注为"秀1(秀自己、把××秀出来等)、秀2(真人秀、服装秀、时装秀等)、秀3

（秀客、秀图、秀舞、秀民等）"。吕桂宁（2007）[①]对"秀"新用法的产生进行了考察，就"秀"作动词、名词以及形容词时新产生的用例作了定量统计和定性分析。从词性上看，在431个用例中，用作名词的"秀2"占总例的68.2%；用作动词的"秀1"占21.6%；用作形容词的"秀3"只占10.2%。从音节上看，"秀1"构成的动词或词组以双音节和三音节为主；"秀2"构成的名词或词组三音节占多数；"秀3"构成的形容词或词组则以双音节居多。"秀"的三种词性分别灵活运用在多种语言环境中，且运用越来越广泛。

"秀"的词性演变受汉语"意合"特点影响较大，汉语是略轻形式表现、更重意义选择的语言，句法语义的双向性决定了句法结构的合法性。两个成分只要有语义组合上有合理性，这种组合就可能存在。所以，"秀"引进之初是一个典型的名词性成分，随着与其他语素不断组合成词，其原本只具有临时修辞意义的动词性、形容词性用法逐渐稳固下来。

（三）外来语素与汉语不断融合

于红（2004）指出，"在吸取外来成分的时候，往往是吸收他人所有、自己所无的词汇成分。"[②]单音节外来语素引入汉语后，在使用过程中除了词性发生演变外，语义也与汉语不断融合。

案例："门"

汉语中表"事件或丑闻"义的"门"，源于英语后缀"gate"。"门"常附着在双音节"×"后，形成"×门"的三音节组合，有时也会前加一些主要表示国别、版本、当事者、属类等意义的修饰语。比如"海南凯立版'罗生门'"（南方周末，2004-1-29）。

"门"族词的用法不断发展。与"门"族词搭配表示事件发生变化的动词很多，如"酿成、上演、升级、浮现"等。另外，"门"还能够借用其本义，与"走出、穿越、关上、堵住、推开、外、里"等动词或方位词搭配。

---

①　吕桂宁.“秀”新产生的用法调查[J].广西民族大学学报,2007(5):160-163.

②　于红.现代汉语新词语考察[J].南京师范大学学报,2004(2):129-133.

（1）布什能否安然通过"安然门"？（新华每日电讯，2002年1月15日）

（2）谁来关上"虐俘门"？（《中国经营报》，2004年5月17日）

（3）"徐工门"外的争吵（《21世纪经济报道》，2006年8月4日）

（4）"甲醛门"门口：两个人的三年啤酒战（《第一财经日报》，2005年7月18日）

（5）"情报门"中的囚徒（《南方周末》，2004年2月19日）

外来成分为适应汉语发生着变化，也对现代汉语产生了影响。说明即使是语言最底层的语素系统，也绝非静止不动。单音节外来语素具有很强的构词能力，它与本土语素的不断组合为汉语词汇系统增添了新鲜的内容，从而使汉语表意更为完善。

此外，一些汉语中原来已有的词语被引进型词族的共同语素替换的现象越来越多，如"控"替换了"迷"，"门"替换了"事件"，"贴士"替换了"提醒"，"吧"替换了"室、厅"，"秀"替换了"演出"等。我们这里讲的"替换"只是部分意义上的，外来语素虽然在概念上、意义上与本土词基本相同，但它在不断的发展和汉化过程中，往往能生成本土词义没有的意义表达，语义越来越精细、丰富。在实际使用中，外来语素与汉语语素却有一种互补关系。

二、词族形成过程中的范畴化与去范畴化

新词族的产生，往往是某一分类或归类的结果，也就是心理学以及认知语言学上的范畴化。认知语言学中的"原型范畴"是指带有家族相似性的范畴，即含有原型和非原型的范畴，范畴成员之间的地位不相等，有典型与非典型之分。典型成员占据范畴中心点，范畴从中心不断向外扩展。王寅（2007）指出，范畴是以原型成员为中心，通过家族相似性不断向外扩展的，

在此过程中是以中心意义为基础的。①新词族共同语素的语义生成及传播过程契合原型范畴理论，如"×客""×担当""×吧"等，它们都带有原型意义，但使用中被赋予更多新意义。

词语通常在形式和意义两个方面形成类聚。意义上的类聚，指与某一新生的人或事，即需要给它赋予一个新指称形式的对象，有一定的相似性或共同点的人或事物。形式上的类聚，则是按已有构词方式构成的一些词语。同语素词族就是用同一个语言形式，即语素，去标记既有共同点也有差别的事物，把这些事物纳入该语素所指称的范畴中。构造同语素词族的过程就是一个范畴化的过程。

词族形成的过程也是去范畴化的过程。词族构词在语法上可以不受原型词、典型词的影响，类推出大量新词。例如"×客"族词，原型词是"黑客（hacker）"，后来又有"博客、播客、背包客等"，可见，"×"并没有局限在颜色词里。又如"××担当"的原型词是"颜值担当"，但是词族在发展过程中不断去范畴化，除了"N+担当（封面担当）"，还有"V+担当（摄影担当）""A+担当（倒霉担当）"等。再如"×吧"的原型词是"网吧"，但是"×吧"并没有局限在"N+吧"这一构式中，除了"N+吧（资源吧）"，还有"V+吧（游戏吧）""A+吧（开心吧）"等。说明同一词族内部不同词语之间的语义关系、语法结构不具有同一性和确定性，特别是变动成分的语义类别、语法类别有差异。如果把词语构词模式看作一个范畴，词族的形成过程则是对已有词语构词模式的范畴扩展，扩展的结果则是去范畴化，与原词语构词模式越来越远、相似度越来越低。

词族在类推发展过程中，并不是恪守一种静止不变的框架，严格遵循原型词的词语模式。而是会逐渐偏离原式的词语模式，产生新的词语模式类型，得到的类推式与原式并非高度一致。当代汉语新词族在不断类推的过程中，内部成员之间在词法结构、语义特征等很多方面都有较大区别。原型

---

①　王寅.认知语言学[M].上海外语出版社,2007 年.

词在受到类推的过程中,逐渐形成了一个拥有共同语素、却在某些其他构词属性上存在不一致性的词族。后造出来的词语往往会在一定程度上偏离原有的词语模式,形成与原有词语模式有家族相似关系的新模式。

可见,构词的范畴化与去范畴化也相伴相生。词族的形成和发展过程并不是简单复制原有构词模式,而是原有构词模式发展变异的结果。词族内部的不同成员之间并不完全同质,而是依据同一个词语模式为特征不断扩展出来的辐射结构。这些相互有扩展关系的词语模式之间是一个"族",构成了家族相似系列,呈现着家族相似关系。

第三节　共同语素词缀化倾向体现的现代汉语形态化趋势

徐世璇(1999)指出,在汉藏语系派生构词中发挥重要作用的,不是意义完全虚化、只起形态标志作用的典型词缀,而是意义没有完全虚化、具有较强意指性的类词缀。① 相当部分的新词族共同语素具有词缀化倾向,从而带上了类词缀性质。类词缀是现代汉语形态化的标志,体现了现代汉语形态化的发展趋势。

一、类词缀具有成为形态标志的可能性

词族的能产性极大地丰富了当代汉语词汇的数量,词族结构有着强大的吸附能力,能够把语言中潜在的词汇挖掘凸显出来,使人们在交际中选用词族的类推结构,因此它具有强大的生成能力和旺盛的生命力,由词族构成的新词新语从数量上极大地丰富了汉语词汇。词族的共同语素从形式上大

---

① 徐世璇.汉藏语言的派生构词方式分析[J].民族语文,1999 (4):23-31.

大强化了词汇的系统性,共同语素有词根、词缀与类词缀,类词缀介于词根与词缀间,使词汇构成要素形成了一个连续统。词族共同语素的类词缀性质,说明汉语的词汇构成在典型词根和典型词缀中间还存在过渡的成分,这就要求我们从发展的眼光来看待汉语的词汇系统的发展变化。

"构式"是"形式和意义的配对"①,构式化是一个动态的过程。刘大为(2010)认为构式就是"经框架提取和规则化而形成的带有能产性的关系构式"。②每个词族都可以看作一个可以从中取出的构式,能够替换填充的变动语素部分是构式的框架变项,共同语素部分为框架常项。词族的类词缀在语义上发生了类化和泛化,是语义逐渐虚化的表现。类词缀既是构词成分,又具有极强的派生能力,同时还具有标示词性的功能,这些都显示了其语法功能逐渐增强的趋势。

词族的类推结构简洁明了、生动形象,由它构造的词语数目众多,在频繁的扩散中固有的语素在原义基础上产生了新义,同时词族强大的生成能力使其构词能力逐步增强。词族在发展中,会引起汉语词汇系统内部的词语语法功能或感情色彩发生一定的变化,部分词族的共同语素感情色彩发生变化,比如"××门"渐渐去贬义化,仅表示事件。类词缀是语法形式与语法意义的结合体,而形态的形成一般表现为语义功能逐渐弱化、语法功能逐渐增强。因此,我们认为类词缀具有成为现代汉语形态化趋势标志的可能性。

二、类词缀的增加改变了构词方式的比例分布

词族中共同语素的类词缀性质使得词汇的聚合性、系统性得到显现。新词族极大地丰富了汉语词汇系统,大量外源性共同语素的出现,使外来语素逐步在汉语系统中稳定下来。

语言的类推机制使类词缀构词的范围和数量不断扩大,丰富和发展了

---

① 弗里德里希·温格瑞尔,汉斯-尤格·施密特.认知语言学导论(第二版)[M].彭利贞,许国萍,赵微,译.上海:复旦大学出版社,2016.

② 刘大为.从语法构式到修辞构式(上)[J].当代修辞学,2010年(3):7-17.

现代汉语的表达手段,同时也悄然改变了现代汉语构词方式的比例分布。
"新词语的结构方式仍以合成型占绝对优势,单纯型只占 0.08% 。合成型中
偏正式能产性最高,占总词数的 59.40% ,其次是后附加式合成词,占
27.60% 。类后缀构词中,这几年居高不下的'×门、×族、×奴'等继续凸显优
势。2010 年度新词语中,以'族'为后缀的有 39 个,占 7.80% ;以'门'为后
缀的有 32 个,占 6.40% ;以'奴'为后缀的有 7 个,占 1.40% 。这三者占了所
有年度新词语的近 1/6 。"①

　　"通过对比 2010 年度与 2009 年度、2008 年度新词语结构方式分布,可
以看出以下几个特点:偏正式一直是最活跃的、占据主流的词语结构方式,
占所有新词语总数的 60% 左右;后附加式次之,且呈逐年递加的态势,从
2009 年度开始,已超过所有新词的 1/4 。这两种结构方式已占了近
90% 。"②可见,复合式合成词在汉语中仍然占有主导地位,但是,由类推构词
法产生的大量附加式合成词,数量上逐年递增,一定程度上冲击了现代汉语
构词方式的分布格局。附加式词缀构词方法简便、表意明确,变动语素部分
可以选择无穷无尽的词语来匹配。越是社会发展速度加快,或者新的事物
观念增添显现的时候,这种构词方式的使用往往都是大显身手。教育部
2015 年 10 月 15 日发布的 2014 年度《中国语言生活状况报告》,共提取近 10
年年度新词 5 264 个。这些词语记录下了当今社会发展、精神观念的现实面
貌,当然也反映了人们对语言的新态度。其新词的创制大多利用偏正式词
语框架类推而形成词族:以"××族"新造的词语有 333 个,"××门"162 个,
"××哥"69 个,"××客"65 个,"微××"212 个,"被××"66 个,"云××"57 个。所有
新词语中采用这种模式造出的有 1 300 多个,占整个新词语的 25% 左右。③ 高
琳娜(2013)以 2016—2010 年度的汉语新词语为考察对象进行统计描写,结果
显示类推造词法造出的新词语有 1 072 条,占五年总数的 48.03% 。

---

① 教育部语言信息管理司.中国语言生活报告[R].北京:商务印书馆,2011.
② 同①.
③ 崔应贤.汉语构词的历史考察与阐释[M].北京:新华出版社,2019.

新词族的构成方式使汉语词汇出现了多音节化的趋势,词族创造的新词语以多音节词居多,尤其是三音节的和四音节以上的词语为数众多。现代汉语虽然以双音节词语为主,但是新词族创造的词语已经以三音节、四音节为主了。三音节、四音节词语构造最大的特点,是出现了构词的层次。比如"上班族","上"和"班"先组合,"上班"再与"族"组合。"实力担当","实"和"力""担"和"当"先组合,"实力"再与"担当"组合。

三、类词缀的产生动因

类词缀的产生动因主要有语言接触、社会影响和语法化三个方面。

(一)语言接触

社会的变迁使中外语言文化之间的接触日益频繁,从词族构成新词新语来看,有许多共同语素都是当代产生的新语素。类词缀的产生与语言接触密切相关。改革开放以来,汉语同外语特别是英语与日语的接触日益增多,词缀构词是英语的主要构词方法。这种方法简便易行,直接对译到汉语中,类词缀便应运而生,表达大量涌现的新事物、新概念。新词族中有诸多共同语素来自外语,例如"吧""控""族""硬核"等。当然,这些类词缀在发展中逐渐具备了汉语的特点,并不断地流传开来。

(二)社会影响

社会发展对语言结构的变化也有一定影响。汉语中的词缀是从无到有的过程,社会的发展要求词义更加抽象和概括,精密和准确。人们对语言的精确度要求越来越高,促进了词缀的产生。类词缀作为由实词向词缀发展的中间产物,也适应了词义更精密准确的要求。经过相当长的历史时期,部分类词缀有可能发展成为真正的词缀,也有可能回归词根的位置,还有可能长期保持在类词缀的过渡状态中。

(三)语法化

类词缀的产生除了受语言接触、人们求新求异心理、外界新鲜事物刺激等因素影响外,最重要的是语言内部因素的影响。语法化是类词缀产生的最重要、最根本动因。类词缀是一种特殊的语法化现象。在语法化过程中，一些原本是词的内部结构成分，逐渐从词干中分离出来，形成独立的语法单位，如词缀、词类等。类词缀的产生和发展是语法化的结果。在语言的发展过程中，词义和语法结构越来越复杂，原有的词干结构无法满足表达的需要。这时，一些词缀便从词干中分离出来，成为独立的语法单位。类词缀的运用体现了语言的灵活性和创造性。通过添加不同的类词缀，人们可以表达丰富的词义和语法信息，从而使语言更加丰富多彩。同时，类词缀的使用也反映了语言的发展和演变，体现了人类语言智慧和创造力。总之，语法化和类词缀是相互关联、相互影响的语言现象。类词缀是语法化过程中的一个重要产物，它的产生和发展反映了语言的演变和变化。同时，类词缀的运用也体现了语言的灵活性和创造性。

四、其他

当代汉语新词族在使用过程中功能增强、用法扩展的同时，也必然受到语法系统的制约。当代汉语新词族由变动语素（或词）和共同语素（或词）两部分组成，这两部分具有各自鲜明的特征，同时又互相制约、互相影响。变动语素（或词）和共同语素（或词）之间存在较为复杂的音节搭配关系、语义制约关系和语法联动关系。研究当代汉语新词族必须由传统词缀与类词缀一维式考察，转变为变动语素和共同语素双向制约、双向选择的二维考察。

第五章

当代汉语新词族的语用拓展及社会文化共变

正如陈原先生(1980)所说:"语言是一种社会现象,是人与人之间传达信息或表达思想的媒介。语言中最活跃的因素——词汇常常最能敏感地反映社会生活和社会思想的变化。"①新词族表达的信息高度浓缩,每一个新词族的产生都有渊源,都反映了一道特别的社会风景。

第一节　当代汉语新词族的语用拓展

一、从专用领域到通用领域

词族现象包含了从一个域向其他域的扩散机制。当代汉语新词族在使用的过程中语用领域不断扩展,一般都会经历从专用领域向通用领域,从科技、政治、经济等领域到社会生活领域的拓展过程。

案例 1."×控"

"×控"是一个网络流行语,它的发展历程可以追溯到 2013 年左右,最初

---

① 陈原.语言与社会生活[M].北京:三联书店,1980.

起源于日本。在日本,这个词被用来形容对某种事物有强烈兴趣的人,比如对二次元文化、动漫、游戏等有浓厚兴趣的人。随着互联网的普及,这个词开始传入中国,并在中国的年轻人中流行起来。在中文中,"×控"一般指对某种事物有强烈兴趣的人,比如对音乐、电影、书籍或行为等有浓厚兴趣的人,产生的新词有"图书控""手机控""眼镜控"等。

随着被接受度与被使用度的提升,"控"的汉化特点逐渐明显。百度贴吧里有专门的主题贴吧"控吧",互联网中也出现如"控之境界"等主题网站。"×控"从 ACG 领域扩展到日常生活领域,后又出现"百度控吧"和"控之境界"等主题网站,说明了词族"×控"经历了一个由专用领域向通用领域的扩散过程。除了"×控"之外,还有一些与"×控"相关的词族,比如"×格""×狂""×迷"等,它们都用来形容对某种事物有强烈兴趣的人。

案例 2."山寨×"

"山寨×"指一些价格低廉、功能齐全的仿冒电子产品,如"山寨手机、山寨数码相机、山寨电脑"等。之后,"山寨"开始向非商品领域扩展,如"山寨白宫、山寨 F1、山寨《红楼梦》、山寨明星"等。随后,"山寨"又成为一种娱乐与非主流的生活态度。各种"山寨版诺贝尔奖"的出现就体现了这一点。

(1)2008 年山寨版诺贝尔生物学奖得主:周正龙。获奖理由:农民周正龙发现了在陕西早已绝迹的华南虎,拍下清晰的虎照,并荣登美国《科学》杂志。

(2)2008 年山寨版诺贝尔最无良化学奖得主:三聚氰胺。获奖理由:诞生这么多年,它第一次像今年这么"风光"。

"山寨×"由电子产品领域向社会生活领域扩展,还具有了较强的娱乐功能,从中可以看出它在语用领域的嬗变。

案例 3."×套餐"

"套餐"一词已广泛应用到日常生活各个领域,从指称"搭配成套"的饭食扩展到其他具体或抽象的事物。"套餐"一词开始只是临时性比喻用法，由于贴切生动，逐渐为人们所接受和使用。无论是可食用的"套餐"还是其他领域的"套餐"，都具有"搭配成套"这一共同语义特征。后来"搭配成套"这一语义特征被突显、强化，又可以用来指搭配成套的方法、方案，有"资费套餐""文化套餐""动感地带套餐""装修套餐""瘦身套餐"等。如"在专家的指导下，商报为白领们定做了一份'五一'健身套餐。"（《北京现代商报》，2005年4月29日）

案例4."×帝"

"×帝"原是网络游戏中的称谓，起源于"百度贴吧"中的"魔兽世界吧"。随后出现了"PS帝"，指一些专门在论坛里帮助别人用PS修改图片的"强人"。此后又扩展到娱乐、体育、经济等领域，出现了"数学帝、章鱼帝、瞌睡帝、亮灯帝"等，指某些方面或领域的"强人"。

案例5."×二代"

"×二代"最初出现在计算机等更新换代速度较快的电子科技领域，指经改进提升而形成的第二代电子产品，有"×二代""×四代"的说法，如"苹果二代""小米（手机）二代"等。后该构词模式很快被扩展到其他领域，多用来形容各色人群，出现了"富二代""星二代"等说法。

案例6."××癌"

"××癌"最早出现于医学领域，指称一种较为难以治愈的疾病。现通过隐喻的手法，发展到现实生活的各个领域，指称个人难以根除的坏行为习惯或现象。"直男癌""公主癌"指称个人的性格脾气；"手机癌""宠物癌""情怀癌""淘宝癌""豪车收藏癌"指称个人的爱好与习惯；"丑癌""穷癌"指称难以改变的各类处境或状态。

案例7."××盛宴"

"××盛宴"最初专指物质领域的"宴会"，随着该词族的扩散，"盛宴"一词的语用范围在不断扩展，由最初专用于物质领域的"宴会"，发展到现在应用于社会生活的各个领域,出现了"视觉盛宴""WTO 盛宴"等,"宴"的语素义逐渐脱落。

案例 8."×咖"

"×咖"最初专用于娱乐圈,指称不同级别明星,有"A 咖、B 咖"之分。后来出现了"大咖"指各行各业的领军人物,如今"咖"的使用范已扩大至体育、科学、文艺等不同的领域,有"物理咖""科学咖""美术大咖""社会咖"。社会的飞速发展为语言的运用带来了跨行业、跨领域的新的走向。随后伴随"咖"的意义扩大化,又产生了"逊咖、怪咖、酷咖"等系列用法,语义由具体实在的明星角色义向一般角色扩大,语义的适用范围更广,意义虚化倾向明显。

案例 9."硬核××"

"硬核"译自英语"hardcore",最初用于音乐领域,原指朋克摇滚里最狠的一种风格,后衍生出各种该类音乐。后又引申指"面向核心受众,有一定难度和欣赏门槛的事物",如"硬核游戏"(hardcore game),即指玩起来非常有难度的游戏。近年来,其语用领域向通用领域逐渐扩大,有"硬核规定""硬核妈妈""硬核玩家""硬核人生"等。

近年来,还有一类语用范围的扩大现象值得引起我们的注意:词族"××长"开始出现了"河长""湖长""沟长""林长",它们的共性特点就是这些"长"类官职所管的范畴都不再以单位里的人作为直接管理对象,而现在是以自然界的湖、河等水域空间作为直接管理对象,或以山沟、山林等自然空间或自然物作为直接管理对象。

二、新词族的网络化、生活化现象

当代汉语新词族在使用的过程中,一般会经历从专用领域向通用领域,从科技、政治、经济等领域向社会生活领域的拓展过程。网络是产生和传播新词族的重要媒介,在网络的推波助澜下,新词族会更快地走向生活化。新词族的生活化又会为其网络化提供更广阔的平台。

一方面,网络语言与社会生活语言相互渗透、影响。随着互联网的不断普及,网络中的新词语特别是新的造词格式,会迅速到渗透人们的日常生活中。人们又借助互联网的便利和既成的词族结构无限造词,使词族内部成员短时间内规模急剧壮大,从而强化了新词族的社会影响。当新词族有了一定社会影响后,人们对其接受度、认可度提高,一些主流的媒体也会接纳和使用这些新的表达方式。

另一方面,新词族的内容逐渐走向生活化。如今,新词族在内容和规模上都发展迅速,这两年诞生新词族以社会生活类居多。前些年科技、政治经济领域的词族,如"半×""超×""次×""非×""类×""前×""亚×""准×""多×""全×""泛×""后×"等,由直接意译外文术语而来,最初使用范围多与政治、经济、文化、军事领域相关,后也向生活领域扩展。这几年的新词族,如"山寨×""×二代""云××"从指称科技产品到指称人,都体现了新词族内容的生活化走向。每个新词族特别是"原型词""典型词"的诞生,背后都有一个故事、一种背景、一类社会现象。

三、新词族的使用规范问题

类推是一种较为能产的造词方式,类推造词使语言表达有了简单快捷之效。但是,如果人们造词热情有余、严谨不足,也会出现许多词语表义不明、使用不规范的现象。

(一)新词族使用中的不规范问题

1.表达随意性强

在提高传播、扩散速度和炒作等原因促动下,人们创造和使用词语时的随意性、主观性增强,不大讲究用词是否准确规范。比如词族"×门"流行后,很多人利用它已有的社会影响造词炒作,把不算"丑闻"的、本来可以用"事件"来表达的普通事情,也冠之以"门"。又如"××癌""××控"流行后,所有不好戒掉的行为习惯都冠之以"癌""控",存在明显夸大化的表述。

2.语义可接受度较低

每个新词族特别是"原型词""典型词"的诞生,背后都有一个故事、一种背景、一种社会现象,要结合当时的语境才能理解其意。一旦离开了具体语境,就变得难以理解。许多新词语创造者不考虑受众的阅读背景,从自己的角度出发生造词语,致使许多新词语情境化色彩浓厚,语义可接受度较低。例如前几年产生的"犀利哥""凭什么姐",每个新词语背后都有一个故事、一个"梗",如果缺乏对这个背景故事的了解,就无法从字面了解这些词语的含义。

3.语码混用现象严重

新词族生成缺乏使用规范,导致字母、符号、图形在新词语中占比例较高,语码混用现象严重。词族中生造词、字母与数字、图文符号混合词、汉字与外文杂糅词比比皆是。例如,近年来词族"××女郎"出现了"3H女郎";词族"××云"出现了"360云";"被××"出现了"被78%"等新词,这些新词数字、字母、汉字语码混用,人们很难从字面理解其意。更有甚者在新词里夹杂了标点、符号、特殊字符等,使得语言文字的使用显得不够规范。

4.网络低俗词语部分涌现

近年来由于网络虚拟社区和自媒体缺少"把关人",网络低俗词语部分涌现,聚集了一些社会戾气,形成了词族。

(二)新词族使用的规范原则

类推机制下的词族现象是社会发展的产物,是生产、文化、科技等方面进步的结果。新词族丰富和发展着汉语的构词方式与表达手段,反映着不断变化的社会心态和文化现实。但是,词族中的很多词语时效性差,在结构和功能上也未完全定型,其发展前途如何还需要经过长时间的检验,因此,有必要对其加以引导和规范。规范时尽量遵循三原则:一是交际需要原则,二是意义明确原则,三是使用普遍原则,以便其能更好地为人们的交际服务。

我们在对新词族及相关词语进行规范的时候,需要树立动态观、层次观、柔性观。动态观即语言是不断发展变化的,词汇也不例外。新词族及相关词语不断产生、发展和消亡,这就要求我们在对新词族及相关词语进行规范时,要具备动态观,既要关注新词族及相关词语的发展趋势,又要考虑其未来可能的变化。层次观即语言是有层次的,不同的层次有不同的使用规则和规范。例如,一些基本的语法规则适用于所有的语言使用者,而一些更高级的语法规则可能只适用于专业人士或者特定的语境。因此,在对新词族及相关词语进行规范时,需要有层次观,以确保规范既符合普遍的语言规则,也符合特定的语境或群体的需求。柔性观即语言是具有弹性的,在不同的场合和语境下,同一个词语可能会有不同的含义和用法。因此,在对新词族及相关词语进行规范时,需要具有一定的有柔性观、灵活性和变通性,以适应不同的语境和场合。

第二节　社会文化的共变

当代汉语新词族在语用领域扩展的过程中,语言与社会生活间的互动得到前所未有的加强。新词族数目的不断增加和新词族中新成员的不断增加,都体现了语言与社会文化生活的共变。

一、新词族的不断出现

社会语言学认为,语言与社会的关系是双向的、互动的。新的社会现象出现必然会引起语言上的变化,语言发展要及时跟上社会变迁的脚步。新词族广泛且集中地反映着社会生活,它们的不断涌现是语言与社会生活共变的见证。

新词族的生成与社会生活息息相关。拿指称人群的词族来说,既有二十世纪八九十年代出现的"×盲""×虫""×迷""×痴""×托",也有当下流行的

"×族""×奴""×客""×替""×帝""×控""×二代""神仙××""××狗""××猿"
"××女郎"。不过,词族"×盲""×虫""×迷""×痴""×托"在改革开放后到20
世纪90年代间比较活跃,产生的词语也多和当时的社会背景相关。如"文
盲、机盲、书虫、戏迷、花痴、医托"等。词族"×族""×奴""×客""×替""×帝"
"×控""×二代"从20世纪90年代至今比较活跃,用来指称多元人群,产生的
词语也多和当今的社会状况有关。如"考研族、房奴、背包客、笔替、灭灯帝、
漫画控"等。

　　当代汉语新词族具有特殊的时代氛围、时代气息和鲜明的时代色彩,透
过它们,我们能在一定程度上观照到当下社会人们的思想意识和精神风貌。
如"×客"族词(黑客、闪客、博客、播客、维克、拍客、印客、极客等)是伴随着
计算机技术的发展而产生的;"绿色×"族(绿色文学、绿色消费、绿色手机、绿
色通道、绿色管理、绿色食品等)词语则是人们环保意识提高的体现。

　　汉语中也有很多新词族来自外语或方言,比如"×控""硬核××""低碳×"
"×秀""×雷"等,因此带有一定的外来色彩或地方色彩。不过,词语的外来
色彩受时间因素的影响比较大。随着时间推移,词语的外来色彩逐渐淡化,
人们已经感觉不到它们的外来色彩。还有些词语反映的是特定地域生活气
息、文化习俗、文化氛围,因此带有一定地方色彩。总之,这些新词族都是当
下社会生活在语言上的反映。

二、新成员的不断增加

　　语言随着社会的发展而发展,新词族中新成员的不断丰富和增加体现
了词族生命力的不断增强,如果一个词族没有新成员持续加入,这个词族就
有可能被渐渐淘汰。新词族中新成员的不断出现也是语言与现实生活、社
会背景密切相关的另一明证。近年来,部分词族添加了更多的成员,使得词
族化现象愈发显著化,像"××族""××奴""裸××""云××""××二代""硬
核××"等词族呈现热爆态势。

　　案例1:"×族"

　　"×族"是很早就出现的指称一类人群的词族。随着词族发展,其成员不

断增加,"考研族、啃老族、奔奔族等"都是当下生活状态的真实写照。2011年又出现了"媚皮族",形容当下那些五六十岁仍然十分活跃、精力充沛、喜欢玩乐的人们。

案例2:"×奴"

词族"×奴"典型词是"房奴",在人们模仿类推下,有了"子奴、车奴、证奴"等。

案例3:"裸×"

网络视频工具发明后,诞生了词语"裸聊";2008年世界首富比尔·盖茨将自己名下的580亿美元全部捐给梅琳达·盖茨基金会,出现了词语"裸捐";近些年出现了配偶和子女因非工作需要均在国(境)外定居,或取得国(境)外永久居留权的官员,于是有了"裸官";2009年,"裸色"风靡国际时尚T台;2011年电视剧《裸婚时代》播出,"裸婚"逐渐成为青年男女的一种新潮结婚方式。

案例4:"×二代"

"富二代"出现后,"贫二代""官二代""民二代""学二代""工二代""拼二代""独二代""红二代"等词语层出不穷,这些代表不同社会阶层、反映不同社会现状的词语都是现今社会生活的真实写照,体现了语言与社会文化生活的共变。

案例5:"云××"

"云××"词族诞生后,出现了"云盾""云地图""云数据""云课堂""云演唱会""云搜索""云传送"等系列词族成员。

案例6:"硬核××"

"硬核"词族诞生后,出现了"硬核宠娃""硬核拆解""硬核回怼""硬核文化""硬核电影""硬核知识""硬核老爸"等系列词族成员。

案例7:"囧×"

"囧"在古代表示明亮、透明,《说文解字》中设有"囧"部,释"囧"为"窻牖麗廔闛明",象形。

2008 年,"囧"字流传开来,类推衍生出了系列"囧"族词"囧人、囧事、囧图、囧片、囧闻、囧照、囧脸、囧客"等。"囧"族词的形成,又刺激了站在时代前沿的相关文化产业。与"囧"相关的电影有《囧探佳人》《人在囧途》《囧男孩》;电视剧或系列视频有《囧探查过界》《囧的呼唤》《囧片王》《一日一囧》《囧囧堂》;网络游戏有"囧囧冒险岛""囧网球";网站域名有"囧囧商城""囧8.com""囧客网";网络小说有《囧囧鸟事》《囧囧飞仙》《囧囧开封府》《囧囧仙妻》《囧女木糖醇》《囧囧包日记》《囧门相亲案》《囧囧后宫记》《囧囧妖妻》。此外,还有"囧论坛、囧神、囧网站、囧吧、囧广告、囧语、囧句、囧民、囧视频、囧歌、囧文化、囧产品、囧科技、囧猫、囧囧兔、囧囧熊、囧科技"等。商家也抓住"囧""大做文章",推出了"'囧'字奶茶店、囧包、囧鞋、囧衣、囧裙、囧裤、囧礼服等",湖北大学西门外的一家奶茶店甚至挂起了"囧"字招牌,招揽顾客。

由上观之,文化产业利用"囧"字形成了系列"囧"文化,精明的商家也抓住了流行语"囧"来"掘金",而"囧"文化的传播和"囧"产品的热销又引导了社会上更多的人认识和关注"囧"字,使"囧"字的使用扩散开来。"囧"本是一个生僻字,"启用"之后结合面却越来越宽,表意越来越丰富,用法越来越多样。从网络上的发掘再现,到社会上的快速流行,再到被商家作为卖点,都说明了在网络媒体发达的今天,语言与社会生活间的互动得到前所未有的加强。

三、"富二代"语义色彩引发的讨论

2009 年,高考冲刺 100 天的时候,浙江永康市第二中学行政楼大厅的 LED 大屏幕上打出了这么一句高考励志标语:"没有高考,你拼得过富二代吗?"这句话在社会上产生了较大反响。

另据"开心网"发起的投票:"'富二代'你感觉是褒义词还是贬义词?"截至 2011 年 9 月 6 日,已投票人数为 60 人。调查结果可见,多数人认同"富二代"是中性词,但其中夹杂了"羡慕、嫉妒、恨"的复杂感受。

"富二代"你感觉是褒义词还是贬义词?

褒义词:	1(2%)	○
贬义词:	6(10%)	○
爱咋地咋地,不关我事:	8(13%)	○
羡慕、嫉妒、恨:	14(23%)	○
凡事靠自己:	1(2%)	○
中性词:	29(48%)	○
补充看法:	1(2%)	○

投票

图5-1 "开心网"发起的投票

实际上,单就"富二代"这个词来说,"富裕、富有、富足"是人们一种美好的生活追求,应该是个褒义词。然而,一个"富"字,包含了多少人的"仇富"心理。一个"二代",又道出了多少"不劳而获"的不公。当然,就"富二代"而言,有些年轻人是家庭条件优越而且个人素质也很好,还有些则是为富不仁、素质低下、飞扬跋扈、凭借父母余荫庇护的"二代"。

另据广州市妇联 2010 年首次发布的《广州女大学生价值观调查红皮书》显示,愿意嫁给"富二代"的女大学生占 59.2%;57.6% 则愿意选择"潜力股"为结婚对象;另有 38.4% 有意嫁给"铁饭碗"。那些"近六成"的女大学生顿时成了被口水抨击的目标。主导《红皮书》的专家还调查发现,"男大学生最讨厌要嫁'富二代'的女生,但 68% 男生表示不认同"。

从高考励志标语到开心网投票再到广州妇联的调查,说明了五个问题:一是高考可以改变命运,缩小与"富二代"的差距;二是在多数人眼里认同"富二代"是中性词;三是有近六成的女大学生认为嫁给"富二代"是件好事;四是这些"近六成"的女大学生遭到了社会舆论的口水抨击;五是有近七成的校园男生并不讨厌要嫁"富二代"的女生。可见,这五个结论本身就是互相矛盾的,这种"矛盾"又说明了人们价值观、价值取向的多元化。我们从"富二代"这个词语的语义色彩引发的讨论中,可以读出一个民族的文化观念、社会心理和社会风尚。

四、新词族对文化发展的影响

新词族的网络化、生活化发展趋势明显。面对越来越多、形形色色的新词族，我们不禁要问：为什么会出现这些词族？这些新词族及词语的出现代表了什么？

（一）折射中国的社会发展

中国社会政治经济的快速发展，人们思想观念和思维模式等方面的转变都引起了生活方式的巨大变化，语言作为人类最重要的交际工具更生动地折射了这些变化。新词族是语言文化的组成部分，在一定的社会发展条件下产生。它不仅反映了当代人的素质修养、生活方式和思维习惯，更是体现了时代的特色与变化。

以词族"×热"为例。改革开放以来，新事物、新现象、新措施不断出现，人们的思想观念、社会心态、价值尺度也不断在调整、更替、变换。因而"×热"构成的系列词语相继出现，如"文凭热、外语热、出国热、经商热、房地产热等"。词族"×热"是改革开放初期人们种种复杂心态的折射和反映，从中我们可以清晰地看到人们价值观念的更新。"云时代""轻时代"与"微时代"的到来，也从侧面折射了社会生活的改变，"云××（云定位、云计算、云试驾、云捐赠、云女友）""轻××（轻阅读、轻课、轻运动、轻文学、轻食、轻奢）""微××（微信、微博、微直播、微表情、微文化、微支付、微电影、微表情）"等词族越来越多。

以"×族"为例。既有卑微的"蚁族、公交族、拼车族"，辛勤的"奔奔族、考研族、加班族"，也有骄傲的"乐活族、玩车族"和自我的"月光族"。另外，"拼×（拼车、拼卡、拼房）""晒×（晒工资、晒钻戒、晒幸福）""×控（食物控、手机控、熬夜控）"等词族都是当下多元生活方式及理念的真实反映。此外，网络及电子产品的高度发达改变了当今人们的生活和工作方式，不少人过分依赖网络和电子产品，少与现实社会接触。于是，出现了"宅×（宅男、宅女）""×控（手机控、微博控、QQ控）""××癌（手机癌、宅癌）"等词族，来形容封闭的生活状态。

然而，在纷繁复杂的生活背景下，我们更期望的是温暖的"×贴士（健康贴士、旅行贴士、美丽贴士等）"越来越多，"绿色×（绿色出行、绿色包装等）""低碳×（低碳生活、低碳城市等）"的生活理念越来越深入人心。

（二）犀利新锐的话语模式

以词族"×二代"为例。既有反映上层社会的"富二代""官二代"，又有反映底层社会的"贫二代""穷二代""民二代""工二代"；既有反映年轻人苦苦挣扎的"拼二代""学二代"，又有反映独享其成的"富二代""权二代"；既有客观反映社会现状的"独二代""红二代"，又有让人充满"羡慕嫉妒恨"的"星二代""名二代"。不论怎样，这些词语都是一种新锐大胆、毫不避讳的话语模式，人们通过这种话语模式呼喊出了自己的心声，表达了自己的看法。又如词族"××狗""××猿"，既有"接孩狗""IT狗""学术狗""考研狗"，又有"传菜猿""公务猿""程序猿"，人们通过对职业与身份进行自黑与自嘲的话语形式，传达出了内心的压力与烦躁。再以"××咖"为例，既有按照等级分类的"A咖""大咖"，也有"B咖""小咖"，还有毫不留情的"烂咖""逊咖"。

此外，"裸×（裸聊、裸官）""×霸（村霸、路霸、乡霸）""×党（砍手党）""雷×（雷人、雷语）"等词族，还有一些词族中的词语如"啃老族、拼爹、孩奴"等，都大胆犀利地揭露了社会上的一些现象，是一种新锐的话语模式。

这些词族流行以来，在社会上引起了广泛关注。我们认为它的存在具有积极的社会意义，是一种呐喊。面对社会上存在的种种问题，公众用这种特殊的话语模式表达自己的声音，体现了当下公众的怀疑精神与权利意识的觉醒。与此同时，有关部门会对存在的社会问题采取相应举措。表达和听取、质疑与解释，这正是一个社会良性发展和成熟的体现，也正是建设和谐社会的必由途径。

五、依托互联网时代加强文化建设

(一)信息公开、加强沟通

近年来,社会心理压力增大、公众心理忍耐点降低已经成为社会问题,负面心态与情绪日益积累,会在一定程度上引起公众的情感共振,引发舆情。而一旦情绪流动,就会以极端的方式爆发,导致群体性突发事件。语言文字也是社会现象,语言生活也渗透着社会负面心态,如果处理不当,解决不好,同样会成为公众负面情绪的出火口和发泄渠道。因此,信息公开,加强沟通,正面解释,积极引导,不失为化解公众负面情绪的有效手段。

(二)重视文化导向

新词族的大量出现体现了以经济为导向、速度为依托、现有语言资源为基础的快餐文化。在经济与互联网高速发展的时代背景下,我们要把以经济导向的文化要梳理到正确的途径上。既要让中华优秀历史文化成为推动经济快速发展的重要载体和工具,也要让经济发展为文化繁荣铺路。只有经济发展与文化繁荣实现双赢,形成互相补充、互相支撑的局面,人民群众才能有更积极的人生观、价值观及文化信仰。

第三节　当代汉语新词族及相关词语发展前景预测

一、预测依据

词族的发展趋势可以从"价值指数""和谐指数""约定指数"观测。"价值指数"主要考察语言与外部世界的关系,即词族在语言使用中有怎样的价值,有什么独特的语用功能,不容易被其他表达方式所替代;"和谐指数"是指词族在汉语词汇系统中的和谐程度,主要考察该词族结构方面与语言系统内部是否和谐,即在音节数量、结构方式、整体与部分的语义关系等方面是否符合汉语的表达习惯;"约定指数"主要考察语言与语言使用者之间的关系,即该词族被社会接受和认可的程度。

语言是一种社会现象,是全体成员之间的交际工具,语言形式与语言内容之间的联系必须被社会接受和认可,即约定俗成。新词族从产生到被社会大众接受需要一个过程。有些词族及相关词语很有可能会在语言生活中慢慢沉淀下来,甚至有可能进入常用词语的行列,那些"久经考验"而最终存活下来的词族和词语,其"约定指数"就会很高。还有一些词族反映的是当年度特有的社会现象,可能会随着社会情势的变化而退出现实语言生活,成为昙花一现的历史词语。

二、发展前景

1."价值指数"高的词语生命力较强

积淀型的词族,如"×男""×女""×哥""×姐""××脸"等,形成的词语语义更容易理解,发展过程可能会更平稳。偶发型的词族如"×门",疾风骤雨般的传播和扩散,该词族产生当年使用频率高。但事过境迁,来得快去得也快,可能只有在旧事重提时才会重新启用。

词族的存亡取决于它的语用功能。当词语作为模因得到广泛应用,在交际中发挥着积极作用的时候,这些模因就变得强大,并能融入语言中不断地复制和传播。反之,随着环境的变化,一些活跃不起来的模因就会逐渐消失,被人们遗忘。齐沪扬、邵洪亮(2007)认为,"新词语生命力的强弱还取决于这种新概念新事物或新现象在一定群体内部或领域内的普及度,以及持续存在的时间长短"①。

如果新词族中新成员持续增加,说明该词族在当下还富有一定生命力。

---

① 齐沪扬,邵洪亮.新词语可接受度的多角度审视——兼谈新词语的规范问题[J].上海师范大学学报,2008(2):74-79.

如果一阵热潮过后,词族中没有新成员加入,大家对该词族的热情也渐渐消退,有可能面临被淘汰的危险。如词族"囧×"在 2010 年之后,不再活跃,有可能会被人淡忘。

2."约定指数"高的词语生命力较强

部分已经在生活中约定俗成,用来指称具体事物的词语,比如"网吧""毒霸(金山)""浴霸""面的""摩的""云网""网易云""云盾"等,由于它们所指称的对象已经进入人们的日常生活,成为人们生活中的必需品,在现实生活中能找到实体对应形式,因此,在没有更适合的指称方式出现之前,它们不太容易被淘汰。部分在实际生活中无实体对应形式的词语,只是少数大众口头的一种全新表达方式,待热情褪去,便会黯然失色。部分新词族的成员已经收入《现代汉语词典》,比如"上班族""啃老族""房奴"等,该类词语由于"约定指数"较高,生命力也会比较旺盛。

3."和谐指数"高的词语生命力较强

同一类推结构中的词语生命力不同。首先,语义透明度低的词语生命力不强,人们无法从构式成分推知整个词语的语义。比如在"××族"中,"上班族""电脑族"这些字面能看出来意思,表达力强、又与生活密切相关的词语,容易被接受和扩散。"奔奔族、飞鱼族等"这些字面看不出来意思,难以被人民群众理解的词语,不容易扩散。又如"云××"词族中,"云超市""云音乐""云定位"都容易被理解,生命力也会较强,而"云吸猫""云养汉"却让人"不知所云"。其次,不符合汉语语言结构的表达也不容易扩散,比如"低碳俏佳人""尬黑""怒丑"等。最后,变动语素由字母词充当的词语,由于生僻难懂,与汉语"和谐指数"较低,使用频率与生命力都比较低,比如"Mall 姐""U 姐""U 哥""CP 粉""OP 党""G 党""K 党""HINA 党""PM 党"等。

三、其他

在使用过程中,当代汉语新词族共同语素的用法得以扩展,功能得以增强。主要表现在共同语素构词能力增强、词性发生演变、外来语素与汉语不断融合等方面。同时,变动语素和共同语素也必然受到语法系统的制约。

词族的形成和发展过程并不是简单复制原有的构词模式,而是构词模式发展变异的结果。词族内部的不同成员之间并不完全同质,而是依据同一个词语模式不断扩展出来的辐射结构。这些相互有扩展关系的词语模式之间是一个"族",呈现家族相似关系。

在反映社会发展变化方面,当代汉语新词族更具广泛性、集中性、连贯性和系列性。新词族的语用领域不断扩展,一般都会经历从专用领域向通用领域,从科技、政治、经济等领域到社会生活领域的拓展过程。在扩展过程中,语言与社会生活间的互动得到前所未有的加强。

除了词语自身"价值指数""约定指数""和谐指数"等方面的原因,社会的发展对新词语也产生着重要的影响。社会文化的发展影响着新词语的兴衰,人际关系的调整影响着新词语的变迁,媒体传播的方式也影响着新词语的扩散。词语发展趋势受词语结构、社会心理、语言环境等多方面可变性因素的影响,因此预测词语发展趋势有较大难度。我们把对新词语的接受和认可度分为高中低三级。高接受度指认可和接受度较高、流行时间较长、流行范围较广,已经进入现实语言交际中的词语。低接受度指陌生化程度很高、使用频率相当低、偶一见之的偶发词语。处于高接受度、低接受度二者中间的,就是中等接受度的新词语。它们有可能随着时间的推移进入高接受度词语的行列,也可能止步于此。相对来说,后者可能性应该比前者大得多。

语言现象的流行往往存在语言外因素的影响,一个能产性的结构究竟哪些先产生哪些后产生,或者哪些高频使用哪些使用频率不高,往往都和特定时代社会背景密切相关。① 语用状况是词族的外在表现和形式,而词族及相关词语的内在结构和功能、社会背景等因素是决定语用情况的根本力量。

---

① 朱庆祥,方梅.现代汉语"化"缀的演变及其结构来源[J].河南师范大学学报,2011(2):152-155.

第六章
当代汉语新词族使用的专项调查

　　高等院校是文化程度较高人群集中的地方,高校教师和大学生对新词族的知晓和使用情况也较为理想。当代汉语新词族的使用也纳入了本研究视野。本研究以河南××大学师生为对象,采用专项调查形式,通过调查当代汉语新词族知晓率、使用率和常用率,揭示新词族使用的社会差异;通过调查不同社会特征(性别、年龄、受教育程度等)语言使用者的语言态度,观察语言使用者的文化交际心理特点,并考察网络传播、受众心理等因素对新词族知晓率和使用率的影响。

　　河南省××市位处中原,在三线中等城市里具有一定代表性。另外,河南××大学主要面向本省招生,本地生源充足,同质性较强,方便调查抽样。笔者利用工作之便,以河南××大学为个案做了高校专项调查。

　　1.调查点概况

　　河南××大学是一所公办全日制普通本科院校,坐落在豫北历史名城——××市,有60余年的办学历史。学院现设有文学、经济学、教育学、理学、工学、管理学、历史学、法学、艺术学9个学科门类,本专科专业73个。

　　2.抽样及样本构成

　　抽取××籍高校教师(40人)、大学生(40人)作为调查对象,每个专业选择1—2人,获取有效样本80个,样本(年龄、性别、受教育程度等)的构成情况在第一节、第二节里均有介绍。

　　3.调查方法

　　调查采取一对一的访谈方式,调查员由本人担任。调查员逐题询问、被试回答,再由调查员圈写或填写,并在问卷空白处记录被试的看法和问题。问卷完成后,由调查员收回认真检查,发现问题及时联系被试重新询问,以确保问卷的有效性。

4.问卷设计

(1)问卷性质

调查采用封闭式问卷,问卷由四部分 37 个选择题组成:①被试基本情况 A1—A9;②当代汉语新词族及相关词语的知晓情况 B1—B20;③当代汉语新词族及相关词语的使用情况 C1—C20;④对新词族的语言态度 D1—D8。每题根据调查需要设置若干选项或指标,题目及选项、指标之间相互印证,可通过逻辑分析检验被试自报的可信度。

(2)调查词项及说明

第一,考虑新词族的典型性。问卷涉及较典型的当代汉语新词族 20 个。操作程序是梳理各类资料收录及出现的新词族,排除改革开放之初就已出现的一些词族,比如"×热、×迷、×托"等;通过试调查,去掉一些知晓率低于 50%、使用率(常用率加偶用率)低于 20% 的词族,如"驴×、微×"等。另外,选择调查词项时,"×哥、×嫂、×姐、×姐姐、×爷"只选取"×哥"为代表;"她×、他×"只选取"她×"。

第二,考虑词族类型。调查词项包括 10 个指称新兴人群的新词族、10 个指称事物和现象的新词族。10 个指称人群的新词族基本涵盖了现有的人群指称方式("×奴、×霸、×哥、×二代、×党、×族、×客、×控、×帝、×团")。10 个指称事物和现象的新词族("山寨×、低碳×、×套餐、×贴士、×门、×秀、裸×、晒×、雷×、她×")中,既有汉语旧词新义类的词族("雷×、山寨×、裸×……"),又有共同语素来自外语的词族("低碳×、×贴士……")。此外,还考虑了共同语素的词性(名词、代词、形容词、动词等)、音节及位置。

(3)关于新词族的使用

第一,区分新词族的知晓率、使用率和常用率。从词族的使用角度看,知道不等于使用,使用又不等于常用。

第二,区分新词族使用的差异性。主要从调查对象的性别、年龄、专业、受教育程度等方面分析新词族使用的差异。

第一节　高校教师专项调查

笔者在××大学进行一对一的现场问卷调查及访谈期间,经筛查剔除共收回有效问卷 40 份。被试教师年龄为 27—56 岁,其中男性 20 人,女性 20 人;被试教师来自文、理、工、体、艺等不同学科门类,专业背景各异,如表 6-1 所示。

表 6-1　性别及年龄结构(N=40)

背景	性别		年龄段			受教育程度		
	女	男	27—36	37—46	47—56	本科	硕士	博士
样本/人	20	20	14	13	13	14	13	13
百分比	50%	50%	35%	32.5%	32.5%	35%	32.5%	32.5%

一、接触新词新语的途径

1.阅读报纸方面

"经常"看报纸的教师有 14 名,占被试总数的 35%。"偶尔"看报纸的教师有 24 名,占被试总数的 60%。"从不"看报纸的老师有 2 名。

2.收看电视方面

"经常"看电视的教师有 16 名,占被试总数的 40%。"偶尔"看电视的教师有 21 名,占被试总数的 52.5%。"从不"看电视的老师有 3 名。

3.接触网络方面

"经常"上网的教师有 32 名,占被试总数的 80%。"偶尔"上网的教师有 8 名,占被试总数的 20%。调查显示,是否经常上网与年龄、性别明显相关。"偶尔"上网的 8 名教师里,3 名教师年龄在 37—46 岁,5 名教师年龄在 47—56 岁,这 8 名教师中有 6 名是女性。

4. 上网内容

根据选择比率高低,选项排序依次是"浏览网站">"聊天">"看或写日记、微博等">"看电影、电视">"打游戏"。

5. 日常生活和交际中,通过哪些途径接触新词新语

根据选择比率高低,选项排序依次是"网络">"同事">"好友">"电视">"报纸杂志"。有 3 名教师选择了"其他",原因是"因为上网很少,也少接触年轻人,对新词语不熟悉"。

可见,"网络"是传播新词新语的主要媒介,"好友"和"同事"也是使用和传播新词语的主要力量,"电视"和"报纸杂志"在传播新词新语方面也起到了比较重要的作用。

二、知晓率及其年龄、性别差异

(一)知晓率

我们把回答错误的情况也归为"不知道"选项,计算每个词族的知晓率。整体而言,当代汉语新词族在高校教师中间有较高的知晓率,如表 6-2 所示。

新词族"×奴、×族、×门、×秀、低碳×"的知晓率 100%。"×霸、×哥、×二代、山寨×、×团、×套餐"知晓率也很高,均达到了 92.5%。"晒×、×贴士、裸×"知晓率均是 80%。"×客、×帝、×控、雷×、×党"知晓率均是 70%。词族知晓率最低的是"她×",只有 50%。

通过访谈得知,教师对"房奴、上班族、服装秀、低碳生活"这些词语非常熟悉,因为这些词跟其现实生活有较大关联。其他词族的知晓率之所以不太高,是因为很多教师年龄偏大,对新鲜事物没有那么敏感热衷。

表6-2　当代汉语新词族及相关词语的知晓率(N=40)

背景 词族	知晓情况(年龄段)			知晓情况(性别)	
	27—36岁 (人/%)	37—46岁 (人/%)	47—56岁 (人/%)	男 (人/%)	女 (人/%)
×奴	14/100	13/100	13/100	20/100	20/100
×霸	14/100	12/92.3	11/84.6	19/95	18/90
×哥	14/100	12/92.3	11/84.6	20/100	17/85
×二代	14/100	12/92.3	11/84.6	20/100	17/85
×党	12/85.7	10/76.9	6/46.2	14/70	14/70
×族	14/100	13/100	13/100	20/100	20/100
×客	12/85.7	10/76.9	6/46.2	15/75	13/65
×控	11/78.6	9/69.2	8/61.5	14/70	14/70
×帝	11/78.6	9/69.2	8/61.5	15/75	13/65
×团	14/100	12/92.3	11/84.6	18/90	19/95
山寨×	14/100	12/92.3	11/84.6	19/95	18/90
低碳×	14/100	13/100	13/100	20/100	20/100
×套餐	14/100	12/92.3	11/84.6	20/100	17/85
×贴士	12/85.7	11/84.6	9/69.2	17/85	15/75
×门	14/100	13/100	13/100	20/100	20/100
×秀	14/100	13/100	13/100	20/100	20/100
裸×	12/85.7	11/84.6	9/69.2	17/85	15/75
晒×	14/100	10/76.9	8/61.5	18/90	14/70
雷×	14/100	9/69.2	5/38.5	16/80	12/60
她×	10/71.4	7/53.8	3/23.1	6/30	14/70

(二)知晓率的年龄差异

数据显示,词族的知晓率在不同年龄组被试中有明显差异。知晓率最高的是27—36岁组,其次是37—46岁组,最低的是47—56岁组。27—36岁组知晓率最高的词族有"×奴、×霸、×哥、×二代、×族、×团、山寨×、低碳×、×套餐、×门、×秀、晒×、雷×"。37—46岁组、47—56岁组知晓率最高的词族是"×族、×奴、低碳×、×门、×秀"。

　　37—46 岁组、47—56 岁组的词族知晓率,与 27—36 岁组相比明显偏低。他们不像 27—36 岁组有更多的时间、精力及兴趣来关注新词语并接触网络,他们较为熟知的是一些较为稳固的、使用较为广泛的(如"房奴、上班族")、媒体轰动效应强烈的(如"低碳生活"、"富二代")、已经渗透在日常生活中的(如"服装秀")词族及相关词语。

(三)知晓率的性别差异

　　数据显示,词族知晓率有明显的性别差异,男性知晓率高于女性。

表 6-3　词族知晓率的性别差异

男性>女性(11 个)	×霸、×哥、×二代、×客、×帝、山寨×、×套餐、×贴士、裸×、晒×、雷×
男性=女性(7 个)	×奴、×党、×族、×控、低碳×、×门、×秀
男性<女性(2 个)	×团、她×

　　从表 6-3 得知,知晓率男性高于女性的词族有 11 个,知晓率男性等于女性的词族有 7 个,知晓率女性高于男性的词族有 2 个。调查得知,被试女性经常看婚恋、情感等方面的电视节目,对"爱情帮帮团、她美丽、她时尚"等这样的构词模式较为关注和熟悉。男性观察世界的视角更为宽广,因此,知晓率男性高于女性的词族较多。

三、使用情况及其年龄、性别差异

(一)使用及常用情况

　　调查显示,当代汉语新词族的使用率,尤其是常用率较低,这与其较高的知晓率形成了较大反差。常用率在 30% 以上的词族有"山寨×、低碳×、×套餐、×族、×团、×秀、雷×、×二代",如表 6-4 所示。这 8 个词族跟高校教师的身份及生活环境有重要关联,因此较为常用。如今,"山寨电脑、山寨手机"层出不穷,因其价格低、功能强大受到社会关注;"低碳、环保"的理念在大学校园中也有极强的渗透意识,高校教师作为较高学历人群代表,自然熟知这一新的环保理念;"GPRS 套餐、服装秀"等我们日常生活中更是频繁接触和使用;"富二代、官二代","雷人、雷语、雷死了、真雷、雷人语录"在评价社会中的人物和现象时也较为常用。另外,高校教师在特征人群归类时也会常用"×族、×团",但是不常用"房奴",如表6-5 所示。

表6-4 当代汉语新词族及相关词语的使用率(N=40)

使用率 词族	经常使用 (百分比及人数)	偶尔使用 (百分比及人数)	不使用 (百分比及人数)
×奴	25%(10 人)	55%(22 人)	20%(8 人)
×霸	22.5%(9 人)	50%(20 人)	27.5%(11 人)
×哥	17.5%(7 人)	52.5%(21 人)	30%(12 人)
×二代	50%(20 人)	30%(12 人)	20%(8 人)
×党	10%(4 人)	25%(10 人)	65%(26 人)
×族	30%(12 人)	57.5%(23 人)	12.5%(5 人)
×客	10%(4 人)	42.5%(17 人)	47.5%(19 人)
×控	12.5%(5 人)	20%(8 人)	67.5%(27 人)
×帝	7.5%(3 人)	25%(10 人)	67.5%(27 人)
×团	32.5%(13 人)	37.5%(15 人)	30%(12 人)
山寨×	32.5%(13 人)	40%(16 人)	27.5%(11 人)
低碳×	47.5%(19 人)	47.5%(19 人)	5%(2 人)
×套餐	32.5%(13 人)	42.5%(17 人)	25%(10 人)
×贴士	20%(8 人)	30%(12 人)	50%(20 人)
×门	27.5%(11 人)	45%(18 人)	27.5%(11 人)
×秀	32.5%(13 人)	60%(24 人)	7.5%(3 人)
裸×	22.5%(9 人)	25%(10 人)	52.5%(21 人)
晒×	17.5%(7 人)	27.5%(11 人)	32.5%(22 人)
雷×	30%(12 人)	20%(8 人)	50%(20 人)
她×	12.5%(5 人)	25%(10 人)	62.5%(25 人)

表6-5　当代汉语新词族及相关词语的常用率分布情况(N＝40)

背景 词族	常用情况			性别	
	27—36 岁 （人/%）	37—46 岁 （人/%）	47—56 岁 （人/%）	男 （人/%）	女 （人/%）
×奴	5/35.7	3/23.1	2/20	5/25	5/25
×霸	6/42.9	2/15.4	1/11.1	5/25	4/20
×哥	3/21.4	2/15.4	2/28.6	5/25	2/10
×二代	10/71.4	6/46.2	4/20	20/100	20/100
×党	3/21.4	1/7.7	0	2/10	2/10
×族	7/50	3/23.1	2/16.7	5/25	7/35
×客	3/21.4	1/7.7	0	3/15	1/5
×控	4/28.6	1/7.7	0	2/10	3/15
×帝	2/14.3	1/7.7	0	2/10	1/15
×团	6/42.9	4/30.8	3/23.1	7/35	6/30
山寨×	7/50	3/23.1	3/23.1	8/40	5/25
低碳×	9/64.3	5/38.5	5/38.5	11/55	8/40
×套餐	8/57.1	4/30.8	1/7.7	7/35	6/30
×贴士	5/35.7	2/15.4	1/7.7	3/15	5/25
×门	6/42.9	3/23.1	2/15.4	6/30	5/25
×秀	7/50	4/30.8	2/15.4	7/35	6/30
裸×	6/42.9	2/15.4	1/7.7	4/20	5/25
晒×	5/35.7	1/7.7	1/7.7	3/15	4/20
雷×	7/50	3/23.1	2/15.4	6/30	6/30
她×	4/28.6	1/7.7	0	1/5	4/20

（二）常用率的年龄差异

数据显示,词族常用率在不同年龄组被试中有明显差异。27—36 岁组的词族常用率最高,其次是 37—46 岁组,最后是 47—56 岁组。"×霸、×党、×客、×控、×贴士、裸×、晒×、×二代"基本是 27—36 岁年龄段的专用词族,到 37—46 岁组常用率有明显下降,到 47—56 岁组常用率一般极低。

调查得知,37—46 岁组和 47—56 岁组在词族常用率方面,较 27—36 岁组有明显下降。他们不像 27—36 岁组有更多精力及兴趣来关注新词语并接触网络。他们较为常用的是一些较为稳固的,使用较为广泛的(如"房奴、上班族"),媒体轰动效应强烈的(如"低碳生活、富二代"),已经渗透在日常生活中的(如"服装秀")词族及相关词语。

(三)常用率的性别差异

数据显示,词族常用率在男女被试中有明显差异。整体而言,男性常用率高于女性。

表 6-6　词族常用率的性别差异

男性>女性(10 个)	×霸、×哥、×客、×帝、×团、山寨×、低碳×、×套餐、×门、×秀
男性=女性(5 个)	×奴、×党、雷×、×二代、裸×
男性<女性(5 个)	她×、晒×、×族、×控、×贴士

表 6-6 显示,常用率男性高于女性的词族有 10 个,常用率男性等于女性的词族有 5 个,常用率女性高于男性的词族有 5 个。调查得知,女性表达感情更细腻,对"她世纪、晒幸福、闪婚族、发带控、生活贴士"等这样的构词模式较为熟悉和常用。男性关注的事物较为宏观,性格也乐于调侃和自我表现,就多数词族而言,常用率明显高于或等于女性被试。

四、语言态度

1. 对该类词构造方式的评价

表 6-7　对该类词的构造方式的评价(N=40)

评价	比较喜欢	一般	比较反感	有的喜欢,有的不喜欢
人数/人	16	20	0	4
百分比	40%	50%	0	10%

根据被试选择,"是否喜欢该类词的构词方式"的排序是:一般>比较喜欢>有的喜欢,有的不喜欢>比较反感。高校教师对类推构词方式以肯定和接受为主,但是并没有表现出太高的热情接受和赞赏新词族,如表6-7所示。

2. 对该类词发展趋势的态度

表6-8   对该类词发展趋势的态度(N=40)

态度	继续保留并越来越多	顺其自然	逐渐被淘汰	有的继续保留,有的逐渐淘汰
人数/人	6	26	3	5
百分比	15%	65%	7.5%	12.5%

根据被试选择,"期望该类词发展趋势"的排序是:顺其自然>继续保留并越来越多>有的继续保留,有的逐渐淘汰>逐渐被淘汰。调查显示,大多数高校教师对新词族的发展趋势持客观、冷静的态度,希望它们发展顺其自然,如表6-8所示。

2. 认为该类词对汉语产生了怎样的影响

表6-9   认为该类词对汉语产生了怎样的影响(N=40)

影响	积极影响	无太大影响	消极影响	有的有积极意义,有的有消极意义
人数/人	12	6	5	17
百分比	30%	15%	12.5%	42.5%

根据被试选择,"认为该类词对汉语产生怎样的影响"排序是:有的有积极意义,有的有消极意义>积极影响>无太大影响>消极影响。调查显示,高校教师对"该类词对汉语产生的影响"能持辩证的态度来看待,42.5%的教师认为当代汉语新词族对汉语"有的有积极意义,有的有消极意义",如表6-9所示。

4. 对待该类词的语言行为

表 6-10　是否会关注或学习该类词（N=40）

关注或学习	会	有的会,有的不会	不会	不知道
人数/人	12	6	7	15
百分比	30%	15%	17.5%	37.5%

　　根据被试选择,"是否会关注或学习该类词"的排序是:不知道>会>不会>有的会,有的不会。调查显示,约有三分之一的教师会及时地、有意识地去关注和学习新词语,以跟上时代的步伐。更多的教师会顺其自然,认为不懂也没有关系,不会刻意关注,如表 6-10 所示。

5. 看待继承性语素或词的态度

表 6-11　看待继承性语素或词的态度（N=40）

态度	比较支持认同	无所谓	反对	其他
人数/人	24	8	6	2
百分比	60%	20%	15%	5%

　　根据被试选择,"看待继承性语素或词的态度"排序是:比较支持认同>无所谓>反对>其他。调查显示,高校教师看待继承性语素或词的态度以肯定为主,也有少数反对的声音。选"其他"的教师认为,"该类词族有的感情色彩发生了变化,有很多说不清楚表达不清楚的东西,不了解",如表 6-11所示。

6. 看待新兴指称人群方式的态度

表6-12　看待新兴指称人群方式的态度(N=40)

态度	比较支持认同	无所谓	反对	有的支持,有的反对
人数/人	15	7	3	15
%	37.5%	17.5%	7.5%	37.5%

根据被试选择,"看待新兴指称人群方式的态度"排序是:比较支持认同=有的支持,有的反对>无所谓>反对。调查显示,高校教师对待新兴指称人群方式的态度整体以肯定为主,或者"有的支持、有的反对",少数持无所谓或不赞成态度,如表6-12所示。

7. 看待旧词新义类语素或词的态度

表6-13　看待旧词新义类语素或词的态度(N=40)

态度	比较支持认同	无所谓	反对	其他
人数/人	21	12	6	1
百分比	52.5%	30%	15%	2.5%

根据被试选择,"看待旧词新义类语素或词"的排序是:比较支持认同>无所谓>反对>其他。调查显示,一半以上的高校教师比较认同汉语的部分语素和词在当代社会中语义发生了较大演变,认为这样的表达方式"生动、形象、有趣"。选"其他"的被试教师认为"该类词的意思变了,不容易理解",如表6-13所示。

8. 看待外来语素或词的态度

表 6-14　看待外来语素或词的态度(N=40)

态度	比较支持认同	无所谓	反对	其他
人数/人	22	12	5	1
百分比	55%	30%	12.5%	2.5%

根据被试选择,"看待外来语素或词的态度"排序是:比较支持认同>无所谓>反对>其他。调查显示,半数以上的被试比较支持和认同词族的"引进",认为这是语言接触的结果,这与我们国家重视外语教学有很大关系。选"其他"的被试教师认为"'秀'是秀丽的意思,'吧'是语气词,用汉语的字来代替英语的音,不易理解",如表 6-14 所示。

五、小结

1. 使用率、常用率与知晓率呈正相关

新词族的使用率、常用率与知晓率呈正相关。知晓率越高的词族,使用率和常用率也较高。但是,新词族的使用率尤其是常用率较低,与知晓率之间有明显落差。

2. 知晓率、使用率的年龄及性别差异较明显

新词族知晓及使用情况的年龄、性别差异较明显,知晓率、使用率及常用率都随着年龄增加而递减。另外整体来看,词族的常用率男性明显高于女性。

3. 语言态度以积极肯定为主

调查显示,高校教师能客观看待词族现象,对词族的结构方式以及发展趋势等方面的评价以积极肯定为主。

第二节　大学生专项调查

笔者在××大学做当代汉语新词族使用的大学生专项调查期间,经筛查剔除共收回有效问卷 40 份,学生被试年龄分布在 18 岁至 23 岁、四个年级之间,男生 19 名,女生 21 名。他们来自文、理、工、体、艺等不同院系,所学专业各异,这些差异性保证了调查对象样本量基本平衡。

一、接触新词新语的途径

1. 阅读报纸方面

"偶尔"看报纸的学生有 35 名,占被试总数的 87.5%。"经常"看报纸的学生有 3 名,2 名学生选择了"从不"。

2. 收看电视方面

"偶尔"看电视的学生有 23 名,占被试总数的 57.5%。"经常"看电视的学生有 17 名,占被试总数的 42.5%。

3. 接触网络方面

"经常"上网的学生有 30 名,占被试总数的 75%。"偶尔"上网的学生有 10 名,占调查总数的 25%。

4. 上网内容

根据选择比率高低,选项排序依次是"浏览网站">"聊天">"看或写日记、微博等">"看电影、电视">"打游戏"。

5. 日常生活和交际中,通过哪些途径接触新词新语

根据选择比率高低,选项排序依次是"网络">"电视">"好友">"同学"。可见,"网络"和"电视"是传播新词新语的主要媒介,"好友"和"同学"也是使用和传播新词语的主要力量。

二、知晓率

我们把回答错误的情况归为"不知道"选项,计算出每个词族的知晓率。整体而言,大学生对当代汉语新词族的知晓率很高。

"×奴、×族、×团、山寨×、×套餐、×门、×秀、×二代"的知晓率为100%。其次,"×帝、×客、晒×"的知晓率也很高,均达到了97.5%。"×哥、×贴士、低碳×"的知晓率均是95%;"×帝、×霸、裸×、×控"的知晓率均是92.5%;"×党"的知晓率是90%。"她×"的知晓率最低,为72.5%。

三、使用率

表6-15　当代汉语新词族及相关词语的使用率(N=40)

使用率 词族	不使用 （百分比及人数）	经常使用 （百分比及人数）	偶尔使用 （百分比及人数）
×奴	15%(6 人)	17.5%(7 人)	67.5%(27 人)
×霸	30%(12 人)	25%(10 人)	45%(18 人)
×哥	12.5%(5 人)	37.5%(15 人)	50%(20 人)
×二代	7.5%(3 人)	80%(32 人)	12.5%(5 人)
×党	47.5%(19 人)	10%(4 人)	42.5%(17 人)
×族	12.5%(5 人)	30%(12 人)	57.5%(23 人)
×客	25%(10 人)	10%(4 人)	65%(26 人)
×控	25%(10 人)	25%(10 人)	50%(20 人)
×帝	42.5%(17 人)	10%(4 人)	47.5%(19 人)
×团	25%(10 人)	20%(8 人)	55%(22 人)
山寨×	7.5%(3 人)	75%(30 人)	17.5%(7 人)
低碳×	10%(4 人)	52.5%(21 人)	40%(16 人)
×套餐	12.5%(5 人)	52.5%(21 人)	35%(14 人)
×贴士	27.5%(11 人)	22.5%(9 人)	50%(20 人)
×门	15%(6 人)	40%(16 人)	45%(18 人)
×秀	20%(8 人)	40%(16 人)	40%(16 人)

续表 6-15

使用率 ＼ 词族	不使用（百分比及人数）	经常使用（百分比及人数）	偶尔使用（百分比及人数）
裸×	17.5%（7 人）	25%（10 人）	57.5%（23 人）
晒×	25%（10 人）	30%（12 人）	45%（18 人）
雷×	2.5%（1 人）	70%（28 人）	27.5%（11 人）
她×	75%（30 人）	5%（2 人）	20%（8 人）

表 6-15 显示，大学生对新词族使用率尤其是常用率较低，这与当代汉语新词族有极高的知晓率形成了较大反差。这一现象同时说明，当代大学生乐于关注新鲜事物和新词语，但是由于新词语的使用在语体、语境、感情色彩等方面有诸多限制，现实生活中的使用率并不像我们想象的那么高。

常用率在 50% 以上的词族有"×二代、山寨×、低碳×、×套餐、雷×"。这 5 个词族在大学生中间常用，跟其现实生活背景有重要关联。"官二代、富二代"等在新闻媒体中经常出现，有时就在大学生身边，因此常用率很高；如今，"山寨电脑、山寨手机"层出不穷，因其价格低、功能强大受到学生热捧；"低碳、环保"的理念在大学校园中渗透极强，大学生作为较高学历人群的代表，自然熟知这一新的环保理念；学生更是接触频繁"动感地带套餐、神州行套餐、GPRS 套餐"等与手机相关的业务；学生之间的口头调侃中也经常使用"雷人、雷语、雷死了、真雷"这些话语。

四、语言态度

1. 对该类词构造方式的评价

表 6-16　对该类词构造方式的评价（N=40）

评价	比较喜欢	一般	比较反感	有的喜欢,有的不喜欢
人数/人	13	15	1	11
百分比	32.5%	37.5%	2.5%	27.5%

根据被试选择,"是否喜欢该类词的构词方式"排序是:一般>比较喜欢>有的喜欢,有的不喜欢>比较反感。调查显示,当代大学生对新词族的构词方式整体以肯定和接受为主,但是也并没有表现出太高的热情接受和赞赏新词族,如表6-16所示。

2. 对该类词发展趋势的态度

表6-17　对该类词发展趋势的态度(N=40)

态度	继续保留并越来越多	顺其自然	逐渐被淘汰	有的继续保留,有的逐渐淘汰
人数/人	3	30	1	6
百分比	7.5%	75%	2.5%	15%

根据被试选择,"期望该类词有怎样发展趋势"的排序是:顺其自然>有的继续保留,有的逐渐淘汰>继续保留并越来越多>逐渐被淘汰。调查显示,大多数当代大学生对新词族的发展趋势持客观、冷静的态度,希望它们发展顺其自然,如表6-17所示。

3. 认为该类词对汉语产生了怎样的影响

表6-18　认为该类词对汉语产生了怎样的影响(N=40)

影响	积极影响	无太大影响	消极影响	有的有积极意义,有的有消极意义
人数/人	10	4	2	24
百分比	25%	10%	5%	60%

根据被试选择,"该类词对汉语产生怎样影响"的排序是:有的有积极意义,有的有消极意义>积极影响>无太大影响>消极影响。调查显示,当代大学生能持辩证的态度看待该类词对汉语产生的影响,60%的大学生认为当代汉语新词族对汉语"有的有积极意义,有的有消极意义",如表6-18所示。

4. 对待该类词的语言行为

表 6-19   是否会关注或学习该类词（N=40）

关注或学习	会	有的会,有的不会	不会	不知道
人数/人	15	9	4	12
百分比	37.5%	22.5%	10%	30%

　　根据被试选择,"是否会关注或学习该类词"的排序是:会>不知道>有的会,有的不会>不会。调查显示,大多数新词族在日常人际交往、信息接触中自然习得,相当部分大学生并没有及时、有意识地关注和学习新词语,如表6-19所示。

5. 看待继承性语素或词的态度

表 6-20   看待继承性语素或词的态度（N=40）

态度	比较支持认同	无所谓	反对	其他
人数/人	16	16	6	2
百分比	40%	40%	15%	5%

　　根据被试选择,"看待继承性语素或词的态度"排序是:比较支持认同=无所谓>反对>其他。调查显示,当代大学生看待继承性语素或词的态度以肯定和无所谓为主,也有少数反对的声音。选"其他"的被试学生认为"该类词族有的感情色彩发生了变化,带了嘲讽等消极意义的感情色彩,因此不喜欢",如表6-20所示。

6.看待新兴指称人群方式的态度

表6-21　看待新兴指称人群方式的态度(N=40)

态度	比较支持认同	无所谓	反对	有的支持,有的反对
人数/人	18	6	1	15
百分比	45%	15%	2.5%	37.5%

根据被试选择,"看待新兴指称人群方式的态度"排序是:比较支持认同>有的支持,有的反对>无所谓>反对。调查显示,当代大学生对待新兴指称人群方式以肯定为主,或者有的支持、有的反对,个别学生持不赞成态度,如表6-21所示。

7.看待旧词新义类语素或词的态度

表6-22　看待旧词新义类语素或词的态度(N=40)

态度	比较支持认同	无所谓	反对	其他
人数/人	30	8	1	1
百分比	75%	20%	2.5%	2.5%

根据被试选择,"看待旧词新义类语素或词"的排序是:比较支持认同>无所谓>反对=其他。调查显示,四分之三的大学生较认同汉语的部分语素和词在当代社会的语义发生了较大演变,认为这样的表达方式"生动、形象、有趣"。选"其他"的被试学生认为"该类词族有的造谣声势、言过其实、比较夸张,不喜欢这样的说法",如表6-22所示。

8.看待外来语素或词的态度

根据被试选择,"看待外来语素或词"的态度排序是:比较支持认同>无所谓>反对=其他。调查显示,多数当代大学生比较支持和认同词族的"引进",认为是语言接触的结果,这与我们国家学生的教育成长背景一直都非常重视外语有很大关系。选"其他"的被试学生认为"该类词族难记,是音译或意译来的,不喜欢,不愿意接受"。

五、小结

1.使用率、常用率与知晓率呈正相关

新词族的使用率、常用率与知晓率呈正相关,知晓率越高的词族,使用率和常用率也较高。但是,新词族的使用率尤其是常用率较低,与较高的知晓率之间有明显落差。

2.各项调查结果均与性别、专业无明显相关

当代大学生处于同一年龄段,有着相同的学习和生活背景,接触时尚生活类词语的途径也基本相同,调查显示,调查结果与被试学生的性别、专业均无明显相关。

3.语言态度以积极肯定为主

调查显示,当代大学生能客观看待词族现象,对词族的结构方式以及发展趋势等方面的评价以积极肯定为主。

第三节　高校师生对词族及相关词语使用情况的对比

笔者通过在高校师生之间的调查,发现由于年龄、知识结构、学历层次等诸多原因,高校师生在词族及相关词语使用方面有较大差异,现对比如下。

一、接触新词新语的途径

1.阅读报纸方面

"经常"看报纸的教师有35%,"偶尔"看报纸的教师有60%。"经常"看

报纸的学生只有7.5%,"偶尔"看报纸的学生占87.5%。可见,师生在看报纸方面有较为明显差异,"经常"看报纸的老师多于学生。

2.收看电视方面

"经常"看电视的教师有40%,"偶尔"看电视的教师有52.5%。"经常"看电视的学生有42.5%,"偶尔"看电视的学生有57.5%。可见,师生在看电视方面没有明显差异。

3.接触网络方面

"经常"上网的教师有80%,"偶尔"上网的教师有20%。"经常"上网的学生有75%,"偶尔"上网的学生有25%。可见,师生在接触网络方面没有明显差异。

4.上网内容

根据选择比率,教师与学生上网内容的排序完全一致,由高到低依次是"浏览网站""聊天""看或写日记、微博等""看电影、电视""打游戏"。

5.接触新词新语途径

不论在教师被试还是学生被试中,"网络"和"电视"都是传播新词新语的主要媒介,"好友"和"同事"(被试教师)、"同学"(被试学生)也是使用和传播新词语的主要力量。不同的是,"经常"看报纸的教师明显比学生多,调查显示,"报纸杂志"也是教师接触新词新语的重要途径之一。

二、知晓率

1.词族知晓率差异

"×奴、×族、×霸"的知晓率师生一致,此外,教师被试的词族知晓率都比学生被试略低。教师被试知晓率达到100%的新词族有5个,分别是"×奴、×族、×门、×秀、低碳×"。"×霸、×哥、×二代、山寨×、×团、×套餐"知晓率也很高,达到了92.5%。"晒×、×贴士、裸×"知晓率是80%。"×客、×帝、×控、雷×、×党"知晓率是70%。知晓率最低的是"她×",仅有50%。

学生被试知晓率达到100%的新词族有8个,分别是"×奴、×族、×团、山寨×、×套餐、×门、×秀、×二代"。"×帝、×客、晒×"的知晓率也很高,均达到了97.5%。"×哥、×贴士、低碳×"的知晓率是95%。"雷×、×霸、裸×、×控"的知晓率是92.5%。"×党"的知晓率是90%。知晓率最低的是"她×",只有72.5%。

2.知晓率的年龄差异

教师被试在词族及相关新词语知晓率方面有明显的年龄差异,学生被试因年龄段非常集中,没有呈现出差异。可见,词族及相关词语的知晓率受年龄变量影响最大。27—36岁组的教师与学生被试的知晓率相似度最高,而37—46岁组、47—56岁组的教师与学生被试的知晓率有明显的代际差异。

3.知晓率的性别差异

教师被试在词族及相关新词语的知晓率方面有明显的性别差异,词族知晓率男性明显高于女性。学生被试由于处于求学状况,生活学习背景、方式几乎一致,没有呈现出性别差异。

三、使用率

1.使用率与知晓率

当代汉语新词族的使用率,尤其是常用率较低,这与它较高的知晓率之间形成了较大的反差,这项差异在学生被试和教师被试中间都存在。

2.常用率

教师被试对词族的使用率、常用率比学生被试的略低。教师被试常用率在50%以上的词族只有"×二代",学生被试常用率在50%以上的词族有"山寨×、低碳×、×套餐、×二代、雷×"。

3.使用率、常用率的年龄差异

教师被试在词族及相关新词语的使用率、常用率方面有明显的年龄差异,学生被试由于年龄段非常集中,没有呈现出差异。可见,词族及相关词语的使用率受年龄变量影响最大。27—36岁组的教师与学生被试的常用率相似度最高,而37—46岁组、47—56岁组的教师与学生被试的常用率有明显代际差异。

4.使用率、常用率的性别差异

教师被试在词族及相关新词语常用率方面有明显的性别差异,词族常用率男性明显高于女性。学生被试由于处于求学状况,生活学习背景、方式几乎一致,没有呈现出性别差异。

四、语言态度

整体来看,教师被试和学生被试的语言态度基本一致,对待当代汉语新词族,持认同、肯定的积极态度。在支持新词族的产生、使用、发展走向的同时,他们也都能以辩证的眼光看待新词族及相关词语,认为部分符合现代汉语表达习惯且已被广泛使用的新词语,会较长期停留在人们的口语或书面语中,部分不符合现代汉语语法规范的生造词语,会随着时间的推移,淡出人们的视线。

五、小结

1.使用率、常用率与知晓率成正相关

知晓率高的词族,使用率和常用率也相对比较高,知晓率低的词族,使用率和常用率会更低。使用率、常用率与知晓率成正相关,这一特点在教师被试和学生被试中均有体现。

2.使用率、常用率与知晓率落差较大

当代汉语新词族及相关词语的知晓率与使用率、常用率之间有明显较大落差。高校教师与大学生的日常信息来源较为丰富、充足、多样,因此知晓率较高。但是,新词族及相关词语使用的语体、语境、感情色彩等方面有诸多限制,在现实生活中的使用率并不像我们想象的那么高,因此,使用率、特别是常用率较低。

3.师生在词族知晓及使用上有较明显差异

教师被试和学生被试对各个词族的知晓率、使用率、常用率情况不一，这与他们各自的身份和现实生活背景有重要关联。教师较为熟知的是一些较为稳固的、使用较为广泛的词族；媒体轰动效应强烈的词族；已经渗透在日常生活中的词族及相关词语。学生的兴趣点相对广泛，在词族的知晓和使用上比高校教师优势明显。高校教师和学生的关注点、兴趣点不同，在词族的知晓和使用方面也存在一定程度差异。

4.网络传播对词族知晓及使用情况有较大影响

多数新词语应网络而生，网络是诞生及传播新词族、新词语的重要媒介。词族因媒介刺激产生，更通过媒介广泛传播开来。被试对当代汉语新词族的知晓率、使用率、常用率都与其是否经常上网有较为密切的联系。

总体来看，新词族及相关词语使用频率不是很高，相当部分新词族具有"小众化"的特点，还处在慢慢生长、逐渐变化阶段。

第四节　字母词使用情况专项调查

改革开放以后，字母词越来越多地出现在人们的日常生活中，且成为新词族的部分成员，例如"WTO 盛宴""A 咖""B 咖""IT 狗""3H 女郎"等。字母参与构词的趋势日益增强，是英汉语言接触的结果，是语言借用的直观表现。它可以出现在共同语素位置，也可以出现在变动语素位置。随着英语在中国的全面普及以及字母词表义的便捷，字母词参与词族构词的比例还会有上升态势，但大众对字母词的认知、使用情况及语言态度并不一致。本书研究以期通过语言田野的实证调查，管窥字母词在受众中的使用情况及语言态度，进一步了解字母词对汉语口语的渗透情况。

本书研究选取 2017 年 9 月 15 日至 2017 年 10 月 14 日期间出版的《河南

日报》《大河报》作为语料库来源,穷尽式地统计了该时间段内出现的字母词及语用频率。在此基础上,选择出现频率较高的23个字母词为问卷调查表的词项,在不同受教育层次、专业、性别、年龄的大学生(含研究生)中进行调查,分析字母词认知率和使用率的社会差异。本次调查以河南省内高校学生为主,选取河南师范大学、河南科技大学、新乡医学院和新乡学院四所高校的本科生和研究生为抽样样本,采取随机抽样和分层抽样相结合的办法,通过一对一问卷调查、结构性访谈及非结构访谈等方法展开研究。调查共发放问卷96份,回收有效样本90份,其中专科、本科、研究生各30人。从性别角度看,男生46人,女生44人,保证了样本量的基本平衡。

一、接触字母词的渠道

(一)媒体接触渠道

据调查显示,大学生接触字母词最重要的渠道是网络媒体(占50.9%),其次是报纸杂志等纸质媒体(占32.3%),最后是影视媒体(占16.8%)。

高校学生接触字母词的渠道与其生活方式紧密相关。在高校,学生人手一部手机,网络媒体是最便捷的渠道。报纸杂志只有去学校图书馆时才会接触,影视媒体只有在餐厅吃饭或是偶尔放假回家的时候才有机会看上一会,所以在接触媒体的比例中明显略低。

(二)社交接触渠道

根据学生自主选择,统计排序得出:大学生接触字母词的渠道"日常生活">"同学">"老师">"父母"。

大学生认为部分字母词已经渗透入我们的日常生活,他们在日常生活中正在频繁接触和使用,比如"Wi-Fi""SIM卡"等,所以"日常生活"是他们接触字母词的第一渠道。另外,"同学"之间分享新闻或新词语也会有助于他们习得字母词。高校"老师"授课内容丰富,知识面广泛,会有意无意提到部分字母词,促使他们增加了字母词的认知。字母词接触方面受"父母"的影响最小。

二、受众对字母词的认知度、接受度

（一）字母词在受众中的认知率差异显著

"WTO 盛宴、A 咖、IT 狗、4A 景区、Wi-Fi、VS、GDP、PM2.5"的认知率最高，达到了 100%。"NICU、AI、ETC、3D、GPS、OPEC、SOS、Ofo、APP"也有较高知晓率，达到了 82.2%。"3H 女郎、KOD、GIS、PPP、WTA、ESI"的知晓率只有 20%。字母词在受众中的认知率差异显著，最高的达到 100%，最低的只有 20%。

值得关注的是，高校大学生对于多数字母词能模糊认知其意，但不能准确、顺利地表达字母词的准确意义。例如"PM2.5"，有的大学生认为等于"雾霾"，如果进一步追问字母"P""M"代表哪两个英文单词，则不能回答。同样，"NICU、ECT、APP"等均存在不能准确使用汉语词解释和翻译的现象。就像很多大学生都熟知"VIP"，但究竟翻译成哪个汉语词、三个字母分别代表什么却无从回答。可见，大学生在提高字母词认知率的同时，也要加强学习相对应的英文表达。此外，大学生代表着当今社会的高学历群体，他们对部分字母词认知率并不高，从中我们可以管窥其他社会群体的认知情况。媒体作者在使用字母词时也应考虑字母词在受众中的认知度，使用前做预调查，根据字母词的认知度确定是否要加汉语注释。

（二）字母词在受众中的使用率差异显著

调查显示，"WTO 盛宴、4A、Wi-Fi、GDP、PM2.5、3D、GPS、Ofo、VS"在大学生中"经常使用"；"A 咖、IT 狗、VS、ETC、GDP、SOS、APP、PM2.5"在大学生中"偶尔使用"；"一般不用"的字母词有"NICU、KOD、GIS、PPP、WTA、ESI、3H 女郎"。据访谈，多数大学生更倾向使用相应的汉语词语"重症监护室"，认为该词表意明确，因此"NICU"的知晓率很高，使用率却很低。类似还有"PM2.5"，"PM2.5"作为准确的环境术语在媒体或科学研究中被广泛采用，但大学生在口语交际中更倾向使用汉语词"霾"或"颗粒物"来表达概念。又如大学生经常在交际中使用"世贸组织"来替代字母词"WTO"。

（三）字母词的认知率与使用率呈正相关，但落差明显

一般而言，认知率较高的字母词也相应有较高的使用率。"WTO 盛宴、IT 狗、Wi-Fi、3D、GPS、Ofo、VS"等与高校学生日常生活、学习紧密相关的词语认知率、使用率均很高；"KOD、GIS、PPP、WTA、ESI、3H 女郎"等认知率较低的字母词，使用率则更低。还有一类现象值得关注，高知晓率与较低常用率形成了较为显著的反差。例如"NICU"的知晓率达到了 82.2%，但是使用率只有 20.1%。"知晓"该字母词不等于在日常口语交际中"经常使用"。

（四）认知率、使用率与受众社会差异（性别、年龄、学历、专业等）的关联

字母词的认知率、使用率与性别的关联不大，男女生在认知率、使用率上的表现相差无几。字母词与大学生的年龄、学历、专业关联度较高，研究生组（年龄 22—35 岁）对字母词的认知率与使用率最高为 84.2%，其次是本科生组（年龄 17—24 岁）认知率和使用率为 75%，最后是专科生组（年龄 17—23 岁）认知率和使用率为 52.4%。研究生组的社会生活经验更丰富、专业经验更强，知识阅历均高于本专科学生，字母词的认知率、使用率也最高。特别是字母词"ESI（基本科学指标数据库）"的认知率（20%）主要来自研究生，本专科生均无人知晓该词。

此外，字母词的认知率与受众的英语水平、所学专业呈显著正相关。英语水平越好（已经通过四六级、研究生英语考试、有出国学习经历等）的学生对字母词的认知率、使用率越高。与所学专业相关的字母词也有较高的认知率、使用率，例如环境专业的同学更多使用"PM2.5（大气中直径小于或等于 2.5 微米的颗粒物）"；计算机专业的同学大多知晓"GIS（地理信息系统）"；体育专业的同学大多知晓"KOD（亚洲最大的国际级街舞赛事）、WTA（国际女子网球协会）"；经济相关专业的同学更多使用"ETC（电子不停车收费系统）、GDP（国内生产总值）、PPP（政府和社会资本合作）、APP（应用程序）"。

三、对待字母词的语言态度

高校大学生对字母词的语言态度、语言选择、语言行为同质性较强,内部没有表现出明显的差异。语言态度主要以肯定、支持为主,认为字母词"时尚、高大上、经济、与国际接轨",只有极个别大学生认为字母词"略微有点炫耀,所以有些反感"。

(一)"您是否喜欢字母词的构造方式?"

根据受众的选择结果排序,"喜欢"(占56.1%)>"一般"(占42.9%)>"反感"(占1%)。

(二)"您是否会关注或学习媒体中遇到的字母词?"

根据受众的选择结果排序,"会"(占54.7%)>"顺其自然"(占43.1%)>"不会"(占2.2%)。

(三)"您认为字母词对汉语产生了怎样的影响?"

根据受众的选择结果排序,"积极影响"(占59.9%)>"无太大影响"(占39.1%)>"消极影响"(占1%)。

(四)"您希望字母词有怎样的发展趋势?"

根据受众的选择结果排序,希望字母词"有较大发展"(占52.6%)>"顺其自然"(占45.2%)>"有控制地发展"(占2.2%)。

四、调查小结及启示

(一)字母词的认知率、使用率与字母词的构造方式无明显关联

选择调查词项时,我们考虑并选取了不同构造方式的字母词,例如"4A景区""3H女郎""IT狗""WTO盛宴""A咖"(数字、字母、汉字混合构成的字母词);"PPP""AI"(纯字母构成的字母词);"Wi-Fi"(带符号的字母词),调查显示,字母词的认知率、使用率与字母词的构造方式无明显关联。

(二)网络技术、新生事物、国家发展等相关领域的字母词认知率较高

网络应用技术方面的字母词认知率很高,如"IT 狗、AI、3D、GPS、GIS"等;代表社会生活方面新生事物的字母词也有较高认知率,如"Ofo、A 咖"等;关系国计民生、使用历时较长等字母词的认知率也很高,例如"GDP、WTO 盛宴"等;部分受专业领域限制的字母词受众认知率相对较低,例如"KOD、PPP、WTA、ESI"。

(三)部分字母词已扎根我们的日常生活

部分字母词作为新鲜事物已经走进了我们的日常生活,例如"APP、Wi-Fi、3D、SIM 卡"等,填补了汉语表达的空位;部分字母词用来表达序列、类型等语义,例如"A 咖、A 型血、5A 景区、维 B"等,成为我们书面语或口语表达中不可或缺的一部分;还有些字母词已经进入了《现代汉语词典》,例如"AA 制、IT、DNA"等,成为汉语的有机组成部分;当然,还有一些字母词和相应的汉语词呈竞争态势,例如"WTO"与"国民生产总值""NICU"与"重症监护室""Ofo"与"小黄车""GDP"与"国内生产总值"等。

(四)大学生对字母词多持赞成、支持的态度

大学生认为字母词具有"时髦""简捷""国际化"等优势,对字母词的评价较高,支持率超过 50% 。认为字母词总体而言对汉语产生了较为积极的影响,不会冲击汉语词的根本地位,希望字母词有较大的发展。

(五)媒体作者应正确看待字母词的认知率

媒体作者应谨慎使用认知率较低的字母词,或在使用时加注必要的汉语解释。因阅读对象知识结构、行业背景各不相同,部分专业性强、受众面窄或者新产生的字母词,都会对受众产生一定的认知障碍。媒体作者在使用这些字母词时,应先做小规模的语言调查,根据调查结果考虑是选用字母词还是相应的汉语词。另外,也可以采取用汉语词加注释的方式,对字母词作补充说明,以提高字母词的可懂度。

第七章
新词族的国际中文教学内容及方法

在第二语言教学中,语音、文字、词汇、语法等语言结构的几个层面是语言教学的主要内容。新词族的教学又是词汇教学的重要构成。新词族是当代社会生活的反映,同时又是社会生活的有机组成部分。新词族的大量产生提高了汉语的表意能力,也彰显了汉语的时代特性。新词族产生快、发展快、变化快,反映着社会的政治、经济、文化、科技、生活的各个方面,速递着社会发展的最新动态。留学生是以汉语为第二语言的学习者,他们既要学习汉语言知识,又需要了解当代中国的思想意识和社会风尚。新词族的含义表达、文化内涵、表现形式等方面无疑成为第二语言教学词汇学习的一项内容。

如何帮助留学生学习"族群化"的汉语新词语,促进其汉语水平的增长并帮助其了解最近的语言文化热点,成为当下国际汉语教师必须认真思考和面对的问题。新词族在形式上具有一定的规律性,在意义上具有一定的类推性,在功能上具有较强的演变性,在当代中国语言生活中占有越来越重要的位置,也对二语习得者学习汉语提出了新的挑战。本章就新词族在国际中文教学中的教学定位、教学内容及方法等问题进行了初步的探讨和研究。

第一节　新词族的教学定位及意义

一、新词族的教学定位

(一)教学对象和载体

新词族运用统一的模式来批量构成大量新词,构词特征显著,语素意义关联度高,方便学生举一反三、触类旁通。新词族的教学对象一般为本科以上程度的留学生,这些学生具有较大的汉语词汇量且对中国社会有较高的认知度。新词族教学的主要教材载体是《报刊语言教程》(上、下)、《报刊阅读教程》(上、下)等特色课程,另外高级阶段的综合课、阅读课、口语课等部分课程讲授及讨论中,也会涉及新词族的语义教学。主要是由于报刊阅读课一般选取最新的官方报纸作为授课内容,报纸时效性强,语言风格与时俱进。高阶的综合课、阅读课、口语课本身就包含一定的新词语,在知识扩展及讨论过程中不可避免会涉及新词族。新词族的课程教学一方面可以促进留学生阅读能力及表达能力的提升,另一方面可以帮助学生了解社会热点、习得当下的中国社会文化。

赵永新(1996)、汤志祥(2002)、常志斌(2007)等学者均呼吁过在国际中文中要增加新词语、新词义的教学计划。报刊阅读及其他特色课程的中、高级阶段教材中经常出现新词语,但是教学大纲往往没有及时收录新词,教材的词表中也无相应的词义注释,这在一定程度上增加了词汇教学的难度。引入新词族教学不仅有助于解决阅读过程中生词量大这个难题,而且有助于学习者深入了解中国当代社会文化。学习者高效而系统地掌握汉语词汇,这也是国际中文教育中报刊阅读等课程的重要教学目标之一。

（二）教学比重

同一新词族中的新词语蕴含着共同的语素，在类推作用下形成了聚合的词族。在国际中文教学中，充分利用新词族的构成特征，可以起到事半功倍的教学效果。但是，多数新词族的成员还没有经受时间的考验，稳定性差，有些新词语还存在不规范的现象，所以在教学中控制好新词族的教学比重就显得尤为重要。

新词族中的新词语只有少部分收录到了工具书《现代汉语词典》和国际中文教育教材的生词表中，还有大部分新词语无法在工具书及生词表中查到，这在一定程度上，影响了报刊阅读课的学习效率。新词族教学是汉语词汇教学的重要内容，教师应根据教学内容和课程目标设置新词族的教学比重。另外，在讲授过程中，教师应重点通过对新词族构词方式的讲解，辅以适当举例，使学生了解新词族的生成方式及词族内部各词语之间的意义关联。教师课堂上讲授新词语只是为了起到"以点带面"的教学效果，而不宜讲授过多的新词族或新词语，造成喧宾夺主的状况。

利用类推机制讲授新词族时要选用具有代表性的、使用广泛的、规范性强的新词语，避免使用临时性的或者不规范的词语。也就是说，我们在国际中文教学中应遵循"必要性""稳定性""普遍性""明确性"等原则，选择语用频率高、约定俗成、相对稳定、规范化的新词语进行教学，以保证第二语言教学的效果。

二、新词族的教学意义

新词族不仅是国际中文词汇教学的有机组成部分，更是词汇教学的合理补充。同时是留学生了解中国社会风尚、社会思潮、文化发展的重要窗口，又是提高留学生交际水平的重要推手。

（一）词汇教学的有机内容与合理补充

新产生的词汇未必都能第一时间收录到工具书《现代汉语词典》及国际中文教材的生词表中，因此，留学生在进行课外阅读时，一旦遇到新词语很难理解其意,也很难从工具书中自行找到答案。这就要求国际中文教师在教学过程中遇到新词族时,要适当讲解新词族的构成方式、共同语素的语义等,使学生了解新词族的生成特征及构词模式,方便在遇到生词时自行推测其意,从而对教材中有限的生词表内容形成有益补充。

(二)社会生活与社会文化的学习窗口

语言是社会生活的一面镜子,任何社会生活的变迁都会反射到语言中来。词汇是语言中最敏感的部分,社会生活、生活风尚、文化发展的动态变化都会最早在词汇里得以体现。新词族是留学生熟悉中国文化、了解中国社会的重要窗口。新词族一般是社会上热点的集中反应,容易在社会上引起热议,留学生通过对新词族的学习,可以增进对当下我国社会文化的了解。

(三)留学生交际水平提升的重要推手

新词语在国际中文教材中占有的比例较低,但是并不意味着新词语在实际生活中的使用频率低。人们在日常生活的交流中,不可避免会使用新词族中的部分新词语进行交谈。留学生在课堂上习得新词语后,在日常的汉语交谈中会更加流利,生活中的语言障碍也会减少。针对新词族适当展开教学,有利于留学生交际水平的提升。

第二节　新词族的教学方法及原则

新词族的大量产生提高了汉语的表意能力,也彰显了汉语的时代特性。新词族的教学又是第二语言词汇教学的重要构成,在国际中文教学中具有一定的可行性和必要性。在教学内容方面强调重视类推机制、造词模式和意义变化等方面的教学,以增大学生词汇量,从而提高阅读理解能力及汉语水平。同时,将类推机制、造词模式、语义演变作为讲授新词族的三大抓手,将社会文化内容与词语表达有机结合在一起。

一、新词族的教学内容及方法

（一）关于类推机制的教学

类推新词有着相同或者相似的形式：从位置上看，共同语素和变动语素分别处于各自的位置，位置相对固定；从结构上看，采用类推方式构造的词语在词性上也往往较为一致；从音节数目上看，变动语素位置的语言单位其音节数目也较为整齐。如词族"××帝""××癌"都指称某一方面有过激行为或达到"极致"的人，展示这个人呈现在大众面前的突出特征和最具特色的元素，产生的词语有"练摊帝""引爆帝""熊猫帝""妈癌""懒癌""淘宝癌""邮票收藏癌"等。通过变动语素"××"的指示，人们能很快地记住此人，了解其相关"事迹"。在选择变动语素"××"时，人们会自觉地选择、凸显人物性格或行为中的主要"元素"，从而使得变动语素"××"成为"帝"的突出特征，达到对焦点信息的凸显。

类推是有一定前提及规律可循的，首先有了某个"原型词"，接着才有了在形式和语义上参照"原型词"或"典型词"仿拟出来类推词。人们渐渐从这些大量的新类推出来的词语中，感知到抽象的构词格式和语义的内在关系，继而按照这种构词格式和内在关系大规模类推开来。例如"××担当"的原型词是"颜值担当"，但是词族在发展过程中不断类推，除了"N+担当（封面担当）"，还有"V+担当（修图担当、受虐担当）""A+担当（幽默担当）"等。再如"×吧"的原型词是"网吧"，但是"×吧"并没有局限在"N+吧"这一构式中，在原型词的构造基础上，类推出了大量仿词结构，有"N+吧（数据吧）"，还有"V+吧（玩吧）""A+吧（愉快吧）"等。

类推是语言结构及语言运用中的普遍规律，更是词语构成的重要机制。新词族是以一个原型词作为类推的起点，保留其中的共同语素或词，替换掉其他的语素或词，从而形成的结构相似、语义相关的词语的聚合。但是，词族在类推发展过程中，并不是恪守一种静止不变的框架，严格遵循原型词的词语模式，而是会逐渐偏离原式的词语模式，产生新的词语模式类型，得到的类推式与原式并非高度一致。这是我们在教学中需要向二语习得者说明的要点。

（二）关于造词模式的教学

类推机制作用下形成的新词族由共同语素联系成的一个有序的整体，并且成批出现，随时具有增加新成员的潜能。这部分词语从外在形式上看整齐有序，从意义内容上看，语义演变具有连续性。

造词模式的教学主要包括造词材料教学和造词法方面的教学。造词材料主要包括语素和词的教学，造词法主要是附加法和复合法的教学。附加法即"词根+词缀或类词缀"构成词语的方法，复加法即"词根+词根"构成词汇的方法。

在进行造词材料教学时，教师要帮助学生对构成新词族的"共同语素"和"变动语素"有一定的认知与了解。共同语素在类推过程中起着重要的作用，比如词族"××吧"，"变动语素"与共同语素"吧"搭配的词语有"网""水""冰""热舞"等词，正是由于它们与"吧"的组合，才有了"网吧""水吧""冰吧""热舞吧"等系列新词族。在进行造词方法教学时，要让学生对"变动语素"与"共同语素"相搭配构成新词语这一造词模式有直观感受。教师在课堂中教学时，可把"变动语素"形成的聚合排在一列，把"共同语素"形成的聚合排在一列，让学生根据词语的构成模式推测同族词语的意义，与学生一起分析怎样组合可以构成新词语，传递我们想要表达的语义。

课堂上通过讲授新词族的造词模式，可以帮助学生建构词汇语义网络，使其能够高效习得大量汉语词汇。汉语新词族具有极强的类推性，词族内部的新词语造词模式上相对单一，因此在教学实践中，学生学习一个新词语的内部构成和语义理据之后，要使其能触类旁通。在学生课外的自主阅读过程中，新词族教学对二语学习者识别同一词族内的新词语并理解其意义能起到重要的辅助功能，从而提高学习者的阅读效率和阅读能力。

（三）关于新词族共同语素语义演变的教学

新词族中的共同语素在与不同的变动语素不停搭配的同时，语义也悄然发生着变化。教师应在报刊材料中发现这些新词族，并结合具体语境讲解语素的本意及其转义。一些在报刊中经常出现、能产性很强的词,语义会在"原型义"的基础上加以延伸和扩展,产生新的意义。如"裸×""晒×""低碳×""×美容"等词族。"裸"的原义是"身体部件外露",以"裸露"义为中心,延伸到人的身体上,有"裸奔"表身体不加遮盖;延伸到物体上,有了"裸价",意为"不包括其他附加内容的";延伸到色彩上,有了"裸色",表"与肤色接近、轻薄且透明的颜色";延伸到行为方式上,有"裸婚"表"无彩礼、无嫁妆地结婚","裸考"表"毫无准备地考试","裸退"表"彻底、完全退出";延伸到人上,有"裸官",表"独自一人在国内做官,子女及配偶已取得国外绿卡或国籍"。比如"晒",本意是"见太阳光",后引申为"公开、分享",于是有了"晒照片""晒菜单",之后又有了"炫耀"之意,产生了"晒恩爱""晒收入",后又衍生出了"揭露"之意,出现了"晒内幕""晒腐败"。再如"低碳"原意为"环保健康",延伸到事物或行为方面,有"低碳元年""低碳出行"等;延伸到人身上,有"低碳女""低碳帝",意为"贫困的、不消耗物资的"。"美容"也从对人的美容逐渐扩展到对"汽车美容""手机美容""屏幕美容""宠物美容"等,共同语素的语义在隐喻中不断延伸。

在进行语素意义变化方面的教学时,首先要教授学生特定语素(词)的原型义,指导学生按照一定的认知规律和思维方式,推导出该语素在不同的语境下的确切含义。学生在学习的过程中,也会在语言理解的基础上建构词汇的语义网络,并形成一定的认知语言能力,从而在具体的语言运用中正确使用新词语。

另外,建议在教学中根据主题确定新词族的教学内容,比如讲到"低碳"这一主题,可以引出"低碳生活""低碳元年""低碳经济""低碳城市""低碳哥""低碳妹"等系列词语,但是对这些词语的讲解不能平均用力,要侧重讲解"低碳生活""低碳经济""低碳城市"等官方报纸上经常出现的词语,对于"低碳哥""低碳妹"等调侃用法,一笔带过。既要在新词族的讲授中把握好"量",确定新词族的讲解数量,不能喧宾夺主,又要确保讲解能把握好"度",适当扩展语义即可,不能漫无边际。

二、新词语的教学原则

国际中文教学要根据不同的教学对象、不同的学习需求选择不同的教学内容,从而满足二语学习者的需要。国际中文新词语教学具有针对性强的特点,不同的学生群体所需要的新词语不同,不同阶段的学生所需要学习的新词语也不相同。在教学中,教师要结合新词语的分类和学生的类别,合理选择新词语教学内容。

(一)实用性原则

实用性原则里包含的首要原则就是必要性。首先确保我们有讲解这个新词族成员继而讲解到这个新词族的必要性,这个新词族对于我们理解汉语篇章甚至在日常社会生活中会起到比较重要的作用,我们有必要花较少时间通过讲解这个词语达到扫清障碍、文意通畅、知晓文化的效果。

实用性原则里还包含的重要原则有典型性、高频化等。选取具有典型性、高频化的词语作为教学内容,才能确保教学达到实用性的原则。新词族的教学不意味着一股脑地讲词族里的所有成员都讲给学生,教师应选择表意明确、清晰易懂、认可度高、使用率高的词语。选择新词语时首先要考虑词语的实用性,也就是说要有针对性地选择那些日常生活中使用率和常用率均较高的词语,例如在讲授"×族"时,尽量选择"手机族""养娃族""地铁族"等这些字面能看出来意思,表达力强、又与生活密切相关的词语,而不选择"奔奔族""飞鱼族"这些字面看不出来意思、难以被人理解的词语。又如讲授"云××"词族时,教师可以选择"云超市""云音乐""云定位"等表意明确、实用性强的词语,而不选用"云吸猫""云养汉"等你让人"不知所云"的词语。

(二)稳定性和规范性原则

选择新词语还要考虑到新词语的稳定性和规范性,选择认可和接受度较高、流行时间较长、流行范围较广、已经进入现实语言交际中的词语,排除那些"昙花一现""转瞬即逝"甚至不规范的生造新词语。有些新词语在使用之初,或许单纯从语法规则上讲会被认为不符合语言规范,但是随着语言的扩散,认可度逐渐增高,有可能渐渐获得"合法"的席位。语言规范也在动态发展变化中,我们要给予新词语一定的时间和发展空间,给予新词语一定的耐心,再从稳定性和规范性两方面给予考量。

(三)循序渐进的原则

新词族的教学主要适用于高年级的学生,重点应用在报刊阅读等特色课程中。在教学中要遵循量和度循序渐进的原则。新词族采取的是相对统一的造词模式,便于学生在习得造词模式及语义演变规律后,自行识别同一词族内的词语并结合语境理解词义。学生高效地习得这些词语后,可以逐渐开展自主学习阅读,通过词族中共同语素的原型义,推导出在其他词族成员中的衍生意义,并了解中国当代社会及相关社会文化。新词语教学要遵循循序渐进的原则,合理制定新词语教学规划,应先从造词规律简单、常用率高的词汇入手,在学生有了一定量的积累后,再逐渐扩展到其他新词语。这样利于二语习得者更好地接受新词语的语义和用法,促使学生利用新词族的造词规律自主学习汉语新词语。

结　语

　　本书首先从新词族的产生及应用领域、结构形式、语义演变、功能发展、语用拓展几个方面进行分类;其次,解析了不同类型新词族的共性及个性、成因及特点;最后,调查不同特征的社会群体在新词族知晓率、使用率及语言态度方面的差异,探讨了新词族现象对文化发展的正负影响,并就新词族的第二语言教学的理论及方法进行了讨论。重在基础理论探讨,强化本体描写与实证调查。

一、研究结论

(一)新词族的类型和特点

　　类推是语言结构及语言运用中的普遍规律,更是词语构成的重要机制。近年来,汉语新词语中具有"族群化"特征的造词方式值得关注。通过从产生领域、构造形式、语法功能、语义演变等多角度解析当代汉语新词族的类型及特征发现,当代汉语新词族的发展具有明显的定位性、动态性、生成性、不稳定性、不平衡性。新词族活跃度高、搭配性强,体现了网络词语与社会生活的迅速融合,也体现了人们对表达效应的极力追求。

　　同时,近年来产生了一种新的语言现象,词族构式的套合使用,即两个词族结构模式套合在一起使用。例如"刷××(刷夜、刷书)""轻××(轻食)""××怒(路怒)"词族出现后,其部分成员又与"××族""××客"发生词族的

"套用",产生了"刷夜族""轻食族""路怒族""刷书客"等新词语。此外,词族构成的新词语具有词类发展的不平衡性,新词族内部成员之间具有流行和普及速度的不平衡性,不同新词族之间具有生存和消亡的不平衡性。

(二)当代汉语词新族形成的原因

新词族的大量涌现是由外部社会原因、内部语言结构共同作用的结果,其中语言结构起主导作用。词族的形成主要有三个方法:继承、新造和引进。其中,继承和新造属于自源型的,引进属于他源型的。由上述三种途径形成的类推结构语义透明度不同:继承型的词族语义透明度较高,其次是新造型词族,引进型词族的语义透明度最低。词族产生的外部原因包括社会生活、社会心理、社会传播、语言接触等方面,内部原因包括语言的类推机制、自我调节功能、词族的框架结构等方面。

(三)新词族共同语素的语义演变

新词族共同语素语义演变主要有语义类化和语义泛化两种,语义泛化的方式主要有辐射式泛化、连锁式泛化、复合式泛化三种。语义类化即在一定指称对象上发现可以类化的特征,从而使共同语素指称范围扩大化。语义泛化是从原义到泛化义的变化过程,我们认为部分词族中的共同语素发生了语义的虚化,还有相当部分词族中的共同语素暂时处于语义类化和泛化的阶段,不能全都列入类词缀的范畴。另外,词族的共同语素与变动语素之间的语义选择表现出单向高搭配性和组配的规则性,同一词族其共同语素与不同语素间的深层语义关系不同。

(四)新词族在形成中的用法演变

在使用过程中,当代汉语新词族的共同语素功能得到增强、用法得到扩展,主要表现在共同语素构词能力增强、词性发生演变、外来语素与汉语不断融合等方面,同时,变动语素和共同语素两部分也必然受到语法系统的制约。此外,不同词族的组合能力、新生类推潜能不同。

构词的范畴化与去范畴化相伴相生。词族的形成和发展过程并不是简单复制原有的构词模式,而是原有构词模式发展变异的结果。词族内部的不同成员之间并不完全同质,而是依据同一个词语模式为特征不断扩展出来的辐射结构。这些相互有扩展关系的词语模式之间是一个"族",构成了家族相似系列,呈现着家族相似关系。另外,我们从共同语素产生动因、数量不断增多、具有成为形态标志可能性三个方面,论述了共同语素词缀化倾向所体现的现代汉语形态化趋势。

(五)新词族语用范围的扩展和社会文化的共变

当代汉语新词族的大量产生提高了汉语的表意能力,也彰显了汉语的时代特性。新词族在反映社会发展变化方面,更具广泛性、集中性、连贯性和系列性。新词族的语用领域不断扩展,一般都会经历从专用领域向通用领域,从科技、政治、经济等领域到社会生活领域的拓展过程。在语用领域扩展的过程中,语言与社会生活间的互动得到前所未有的加强。另外,我们还分析了当代汉语新词族及相关词语对文化发展的正负影响,并预测了其发展前景,也为新词族的规范工作提出了若干原则和意见。

(六)新词族使用的社会语言学调查

当代汉语新词族的使用也纳入了本研究视野。本研究以高校师生为对象,采用专项调查形式,通过调查当代汉语新词族知晓率、使用率和常用率,揭示新词族使用的社会差异。通过调查不同社会特征(性别、年龄、受教育程度等)语言使用者的语言态度,考察网络传播、受众心理等因素对新词族知晓率和使用率的影响。调查显示,当代汉语新词族的使用率、常用率与知晓率成正相关;由于新词族及相关词语使用的语体、语境、感情色彩等方面有诸多限制,当代汉语新词族及相关词语的知晓率与使用率、常用率之间明显有较大落差;被试师生在词族知晓及使用上存在较明显差异;网络传播对词族知晓及使用情况有较大影响。

(七)新词族的国际中文教学

新词族的教学是第二语言词汇教学的重要构成,在国际中文教学中具有一定的可行性和必要性。国际中文教学必定涉及新词语及新词族的教学,尤其是在报刊阅读等相关特色课程中。新词族是国际中文词汇教学的有机内容与合理补充,也是外国留学生了解中国社会生活、社会文化的重要窗口,更是留学生交际水平的提升的重要推手。在教学内容方面,强调重视类推机制、造词模式和意义变化等方面的教学,以增大学生词汇量,从而提高阅读理解能力及汉语水平。将类推机制、造词模式、语义演变作为讲授新词族的三大抓手,同时将社会文化内容与词语表达方式有机结合在一起。在国际中文教学中应遵循"实用性""稳定性""规范性""明确性"等原则,选择语用频率高、约定俗成、相对稳定、已经被认为是规范了的新词语进行教学,以保证教学的效果。

总体来看,新词族及相关词语使用频率不是很高,相当部分新词族具有"小众化"的特点,还处在慢慢生长、逐渐变化阶段。在国际中文教学中,要合理安排新词族的教学比重、巧妙讲授新词族内部的搭配与组合关系。

二、研究不足

词族在语言中有多种功能,如表示相似概念、加强语言表达、促进语言变化等。词族也对语言发展产生了重要影响,如促进语言的简化和规范化、促进语言的多样性和丰富性等。本书初步考察了当代汉语词新词族,很多地方还有待进一步探讨。

(一)当代汉语新词族描写不够深入细致

当代汉语新词族数量可观,作为一种"现象",在构词领域已经颇具规模。本研究虽然从整体上对新词族进行了分类和统计分析,但缺乏对个体词族的深入细致研究。同时,当代汉语词族处于不断发展的动态过程中,需要时刻关注其动向,并及时描写分析。

(二)缺乏大型的汉语新词语料库

理想的研究方式是把近几十年产生的新词语都输入电脑,建立语料库进行穷尽式定性和定量研究。遗憾的是,这方面还没有相关的大型语料库可供检索。新词族中的很多新词语产生得快,消失得也快,新词词典又相对滞后,没有收录这部分词语。所以,本研究采用的语料带有较大局限性,研究成果没有语料库统计分析得那么精确、客观。

(三)当代汉语词族构词的显隐问题研究不够深入

本书主要探讨了新词显现,相对来说,新词的隐退问题论述不够充分、深入。在新词族和新词语的预测方面,我们也缺少经验,生怕主观的预测与客观的语言事实相违背。实践是检验真理的唯一标准,我们尊重语言发展的规律和方向,让事实说话。

(四)调查对象的类型选择不够全面

由于时间关系,本研究仅就高校教师和大学生这一具有较高学历和层次的人群做问卷调查和访谈。如果能就其他社会群体如政府机关、中学生、企业员工、出租车司机等做调查分析,得出不同学历、职业、年龄层次的群体在新词族使用及语言态度上的差异,将会更有意义和价值。另外,此次调查缺乏地区对比,如果能在北京、郑州、新乡这样的有规模梯度的城市都展开调查,再与各种变量做数据相关,对比度将会更为清晰,比较研究也将会更加充分。

三、研究展望

词族的研究可以为语言学、音韵学、语法学等领域提供理论支持和实践指导,同时也可以促进语言的简化和规范化,展现语言的多样性和丰富性。未来我们将在以下三个方面开展持续性研究。

(一)利用语料库对当代汉语词族做全面描写和统计

利用计算机技术,对大规模语料库进行分析,可以揭示词族内部词汇的分布规律和关联性,有助于我们借助科技手段,更高效地研究词族。首先,需要收集大量的语料数据,并将其整理成结构化的数据格式,以便进行后续的分析。其次,可以采用机器学习技术,如深度学习、自然语言处理等,来提取出新词的信息,例如分词、词性标注等。最后,可以将提取出来的信息进行统计分析,通过统计新词语的出现频率、分布情况、词频、词频变化等指标,了解新词语的使用情况和演变趋势。此外,还可以通过词性、词义、语义等角度分析新词语的语义特征,对新词语进行全面描写,以揭示其在语言中的作用和意义。可以通过绘制新词语的词频曲线、词频分布图、词频热力图等图表来直观地展示新词语的使用情况和演变趋势。同时,还可以结合文本分析、语义分析等方法,对新词语的语义特征、社会文化背景等进行详细描述。希望能把近几十年产生的新词族词语都输入电脑,建立语料库并不断更新,这样方便我们穷尽式定性和定量研究,统计分析也会更精确、客观。

(二)深入探讨词族内部各种关系

深入探讨词族内部的各种关系,可以帮助我们更好地理解语言的演变过程,以及词汇之间的联系。了解词族的原始形式、词义变化和派生过程,有助于我们了解词族的起源和发展变化。分析词根、词缀以及它们在词族中的位置和作用,可以帮助我们了解词汇的构成规则以及它们之间的关联。研究词族的词汇在不同的语境下的语义变化,以及它们在特定领域中的含义,可以帮助我们了解词汇的语义关联,以及它们在不同文化背景下的使用情况。

如果能够在共同语素的选择、共同语素和变动语素相互制约关系等方面形成更科学、更深入的认识,归纳出它们组合的形式标记,通过研究词族历史发展、使用环境来深入探讨词族内部的各种关系,使用语料库挖掘技术来识别出词族中的关系,并通过计算词族中每个成员之间的相似度来更好地理解词族内部的关系,将有助于我们整体上把握汉语构词系统,对计算机处理自然语言也会有一定帮助。

(三)后续调查扩大调查对象的类型及样本量

我们将在后续调查中扩大调查对象的类型及样本量,就其他社会群体如政府机关、中学生、企业员工、出租车司机等做调查分析,得出各种社会变量与新词族使用情况、语言态度的关系。另外,增加调查地区,在不同规模大小的城市都展开调查,再与各种变量做数据相关,对比度将会更加清晰,比较研究也将更加充分。

　　新词族之间既有共性,又有各自的特点。描写当代汉语新词族现象,并对不同类型加以对比分析,有助于我们深入理解类推机制,有助于汉语构词方式及汉语形态化趋势的深入探讨。本研究尝试就类推机制作用下的词族现象进行描写和阐释,因能力所限,在很多层面上未能深入探讨。旨在抛砖引玉,希望能对相关的后续研究起到一定借鉴作用。

参考文献

(一)专著类

[1]BLACKMORE,S. The Meme Machine[M]. Oxford:OUP,1999.

[2]布龙菲尔德.语言论[M].袁家骅,赵世开,甘世福,等译.北京:商务印书馆,1980.

[3]陈原.语言与社会生活[M].上海:三联书店,1980.

[4]陈光磊.汉语词法论[M].上海:学林出版社,1994.

[5]崔应贤.汉语构词的历史考察与阐释[M].北京:新华出版社,2019.

[6]丁声树.现代汉语语法讲话[M].北京:商务印书馆,2009.

[7]董为光.汉语词义发展基本类型[M].武汉:华中科技大学出版社,2004.

[8]费尔迪南·德·索绪尔.普通语言学教程[M].高明凯,译.北京:商务印书馆,1980.

[9]符淮清.词义的分析和描写[M].北京:语文出版社,1996.

[10]葛本仪.汉语词汇论[M].济南:山东大学出版社,1997.

[11]贺国伟.汉语词语的产生与定型[M].上海:上海辞书出版社,2003.

[12]亢世勇.现代汉语新词语计量研究与应用[M].北京:中国社会科学出版社,2008.

[13]陆志韦.汉语的构词法[M].北京:科学出版社,1957.

[14]吕叔湘.中国文法要略[M].北京:商务印书馆,1957.

[15]吕叔湘.汉语语法分析问题[M].北京:商务印书馆,1979.

[16]吕叔湘.语文札记[M].上海:上海教育出版社,1984.

［17］卢英顺.现代汉语语汇学［M］.上海:复旦大学出版社,2007.

［18］马庆株.汉语语义语法范畴问题［M］.北京:北京语言文化大学出版社,1998.

［19］刘叔新.汉语描写词汇学［M］.北京:商务印书馆,1990.

［20］刘叔新.词汇研究［M］.北京:外语教学与研究出版社,2006.

［21］任学良.汉语造词法［M］.北京:中国社会科学出版社,1981.

［22］苏新春.当代中国词汇学［M］.广州:广东教育出版社,1995.

［23］苏新春.汉语词汇计量研究［M］.厦门:厦门大学出版社,2002.

［24］苏向红.当代汉语词语模研究［M］.杭州:浙江大学出版社,2010.

［25］汤志祥.当代汉语词语的共时状况及其嬗变［M］.上海:复旦大学出版社,2001.

［26］王远新.语言学教程［M］.北京:中央民族大学出版社,2003.

［27］王远新.语言学理论与语言学方法论［M］.北京:教育科学出版社,2006.

［28］王远新.语言田野调查实录(四)［M］.北京:中央民族大学出版社,2010.

［29］王远新.语言田野调查实录(六)［M］.北京:中央民族大学出版社,2011.

［30］赵元任.汉语口语语法［M］.北京:商务印书馆,1979.

［31］张静.新编现代汉语［M］.上海:上海教育出版社,1979.

［32］朱德熙.语法讲义［M］.北京:商务印书馆,1982.

［33］周荐.汉语词汇结构论［M］.上海:上海辞书出版社,2005.

［34］周殿龙.汉语词汇学史［M］.北京:中国华侨出版社,1996.

［35］赵艳芳.认知语言学概论［M］.上海:上海外语教育出版社,2006.

［36］张志毅,张庆云.词汇语义学［M］.北京:商务印书馆,2005.

［37］宗守云.新词语的立体透视［M］.桂林:广西师范大学出版社,2007.

（二）期刊论文类

［1］边小玲.透视"她世纪"［J］.学语文,2005(3):46.

［2］何自然.语言中的模因［J］.语言科学,2005,(6):54-64.

［3］陈原.关于新语条的出现及其社会意义:一个社会语言学者在北京街头所见所感［J］.语言研究,1984(2):151-158.

［4］陈建民.汉语新词语与社会生活［J］.辽宁师范大学学报,1998(2):6.

［5］曹起.当代汉语流行结构"零×"探析［J］.湖北师范学院学报,2005,(1):40-43+79.

［6］崔学新.选择与建构:从meme到"模因"［J］.外语研究,2007(6):80-83.

［7］董秀芳.从虚词到词缀的转化谈汉语虚语素的内部分类［J］.汉语史研究集刊,2005(1):78-89.

［8］刁晏斌.论旧有类词缀在当代的发展变化［J］.励耘语言学刊,2018(2):203-217.

［9］范镜春.模仿与创新:语言模因的传播机制［J］.齐齐哈尔大学学报,2008(9):124-126.

［10］高艳.谈类推造词法［J］.沈阳师范学院学报,2000(4):25-27.

［11］郭楚江,周健.类推造词法对词义的影响［J］.广西社会科学,2005(6):167-168+178.

［12］何自然,何雪林.模因论与社会语用［J］.现代外语,2003,(2):200-209.

［13］何自然.语言模因及其修辞效应［J］.外语学刊,2008(1):68-73.

［14］江傲霜.新词语隐喻化的特征及方式［J］.红河学院学报,2004(6):53-57.

［15］蒋金星,李燕芳.浅析网络新词"囧"［J］.黄石理工学院学报,2009(3):37-39.

［16］吕叔湘.大家来关心新词新义［J］.辞书研究,1984(1):8-14.

［17］刘大为.流行语的隐喻性语义泛化［J］.汉语学习,1997(4):33-37.

［18］林一心.词族现象探微［J］.福州师专学报,2001(8):81-84.

[19]李国英.简论类推简化[J].语言文字应用,2004,(4):12-17.

[20]刘晓梅.当代汉语新词语的词长考察[J].吉林师范大学学报,2004(4):71-73.

[21]刘宗保."×门"词族探微[J].现代语文(语言研究),2006(9):110-111.

[22]李仕春."类推"在汉语新词语产生和流传中的作用[J].语文学刊,2005(9):23-25.

[23]刘娅琼.从"×门"看再概念化过程[J].修辞学习,2008,(3):36-40.

[24]李珂."吧"族新词的多角度语用分析[J].湖南工业大学学报,2008(6):135-137.

[25]刘善涛.原型范畴理论与词典编纂[J].东方论坛,2013(3):101-104.

[26]李海燕.语言接触影响下类词缀的汉化与显化[J].云南师范大学学报,2019(5):84-92.

[27]彭姣娟.新词"她×"探析[J].经济研究导刊,2009(1):235-236.

[28]林斌.从模因论看"×门"[J].宁德师专学报,2009(1):74-78.

[29]刘桂兰,李红梅.从模因论角度看"××门"现象[J].外语学刊,2009(2):70-73.

[30]刘彩艳,孟庆波.语言模因的本质属性[J].河北理工大学学报,2009(3):121-124.

[31]李宇明.立足语言生活解决时代需求[J].语文建设,2018(34):65-67.

[32]马庆株.多重定名结构中形容词的类别和次序[J].中国语文,1995(5):357-366.

[33]任竞春."×霸"新词中"霸"的语义演变[J].盐城工学院学报,2006(2):66-69.

[34]马琳.词义的联想因素与新词语的构筑[J].四川外语学院学报,2003(3):98-100.

[35]彭睿.谈语言模因的模仿、复制与传播[J].世纪桥,2008(7):129-130.

[36]裴景瑞,于全有.网络"客"族新词的产生机制与社会文化心理[J].文化

学刊,2009(1):116-121.

[37]孙艳.试论类推机制在汉语新词构造中的作用[J].西北师范大学学报, 1998(2):85-89.

[38]孙艳.现代汉语词缀问题探讨[J].河北师大学报,2000(3):55-58.

[39]孙大军.类推仿造:新词语仿造的一种新手段[J].淮南工业学院学报, 2001(3):75-77.

[40]宋作艳.词语模的变化与社会变迁[J].中国语言学报,2018(18): 80-92.

[41]苏宝荣.类词缀的语义特征与识别方法[J].语文研究,2014(4):6-10.

[42]田宇贺.当代汉语新词语的构成方式及音节发展趋势[J].南通师范学 院学报,2003(4):77-80.

[43]沈孟璎.试论新时期词缀化的汉民族性[J].南京师范大学学报,1995 (1):35-41.

[44]沈孟璎.关于新词语词义表面化倾向的考察[J].文字应用,1995(4): 66-72.

[45]沈家煊.语言的"主观性"和"主观化"[J].外语教学与研究,2001(4): 268-275+320.

[46]涂海强,杨文全.媒体语言"×+哥"类词语的衍生机制与语义关联框架 [J].语言教学与研究,2011(1):24-30.

[47]吴燕琼.国内近五年来模因论研究述评[J].福州大学学报,2009(3): 81-84.

[48]王立.汉语构词范式再探[J].华中师范大学学报,2000(5):49-53.

[49]王玉鼎.论汉语词语的类推变化[J].西北大学学报,2003(1):118-122.

[50]王纯磊.模因研究评价[J].集美大学学报,2008(3):63-68.

[51]王敏."准×"新词初探[J].牡丹江师范学院学报,2007(2):66-68.

[52]王德春.汉语新词语的社会文化背景[J].世界汉语教学,1990(3): 135-138.

[53]王铁琨.从 2008 年度调查数据看中国的语言生活[J].语言文字应用, 2010(2):36-35.

[54]王丽坤."门"族网络新词及其折射出的社会文化心理[J].辽东学院学报,2009(3):74-78.

[55]王敏,杨坤.交互主观性及其在话语中的体现[J].外语学刊,2010(1): 48-51.

[56]吴佳妮.网络新兴词语模"×担当"研究[J].语言应用研究,2016(8): 121-123.

[57]王伟丽.词语模视角下的网络词语"××哒"分析[J].齐齐哈尔大学学报,2015(8):93-94.

[58]王洪君,富丽.试论现代汉语的类词缀[J].语言科学,2005(5):3-17.

[59]谢俊英.新词语与时尚词语社会知晓度调查与分析[J].语言文字应用, 2004(1):47-55.

[60]谢朝群,何自然.语言模因说略[J].现代外语,2007(1):30-39+ 108-109.

[61]肖遥遥."族"类汉语新词语法化浅析[J].中州大学学报,2009(2): 75-77.

[62]徐国珍.从空符号到新词:论词汇系统的特点及发展轨迹之一[J].浙江师大学报(社会科学版),1995(3):54-59.

[63]徐世璇.汉藏语言的派生构词方式分析[J].民族语文,1999(4): 23-31.

[64]夏历.新词语的网络释义现状调查研究[J].语言文字应用,2018(3): 68-76.

[65]杨玉国."秀"的变异:新词汇意义和新语法意义浅析[J].语文学刊, 2005(9):11-14.

[66]项菊.谈"零×"结构[J].汉字文化,2005(4):31-34.

[67]于秒.类词缀的发展与现代汉语的形态化趋势[J].中国海洋大学学报,

2009(1):88-90.

[68]姚文彪.论"云×"新词族特征、词典收录及其形成机制[J].贵州工程应用技术学院学报,2015(6):12-18.

[69]杨文全,程婧.隐喻认知和语义泛化的关联与互动[J].新疆大学学报(社会科学版),2004(4):120-126.

[70]杨文全.流行语的界说与初步描写[J].新疆大学学报(社会科学版),2002(2):125-130.

[71]周洪波.新词语的预测[J].语言文字应用,1996(2):73-78.

[72]邹嘉彦,游汝杰.当代汉语新词的多元化趋向和地区竞争[J].语言教学与研究,2003(2):12-21.

[73]朱亚军,田宇.现代汉语词缀的性质及其分类研究[J].汉语学习,2001(2):24-28.

[74]朱彦.谈语言模因的模仿、复制与传播[J].辞书研究,2010(6):129-130.

[75]曾祥喜.论当代中国社会文化变迁对汉语新词语的影响[J].江汉论坛,2003(12):65-68.

[76]曾毅平."巴"族公交新词汇释[J].浙江树人大学学报,2007(5):106-110.

[77]周日安,邵敬敏.美英式原型标记"—门"的类化和泛化[J].外国语,2007(4):43-47.

[78]周洪波.修辞现象的词汇化:新词语产生的重要途径[J].语言文字应用,1994(1):39-42.

[79]庄美英.语言模因的传播方式和特性[J].湖北广播电视大学学报,2009(3):102-103.

[80]赵书艳.模因论视域中的"零×"结构[J].湘南学院学报,2009(2):69-71+75.

[81]赵世开.当前汉语中的变异现象[J].语文建设,1988(1):26-27.

[82]张富蓉."模因论"视野下的"×客"类网络新词[J].太原师范学院学报,2009(2):20-21.

[83]张谊生.当代新词"零×"词族探微:兼论当代汉语构词方式演化的动因[J].语言文字应用,2003(2):96-103.

[84]张谊生.附缀式新词"×门"试析[J].语言文字应用,2007(4):39-47.

[85]张平.基于模因理论的隐喻[J].东北大学学报,2008(2):174-177+183.

[86]张小平.当代汉语类词缀辨析[J].宁夏大学学报,2003(5):22-25+65.

[87]张曼.试析新兴词语模"× 控"[J].伊犁师范学院学报,2011(3):94-97.

[88]赵艳梅.当代汉语新词语前空型表人词语模的范畴化.浙江理工大学学报,2019(4):360-367.

(三)论文集

[1]曹进.模因论视阈下的网络语汇传播研究.中国传媒大学第三届全国新闻学与传播学博士生学术研讨会论文集[C].北京:中国传媒大学出版社,2009.

[2]李宇明.词语模.汉语法特点面面观[C].北京:北京语言文化大学出版社,1999.

[3]苏新春,苏宝荣.词汇学理论与应用(二)[C].北京:商务印书馆,2004.

(四)学位论文类

[1]曹春静.当代汉语词语模研究:兼论相关新词新语[D].上海师范大学硕士学位论文,2007.

[2]耿彦秋.现代汉语新兴类词缀研究[D].吉林大学硕士学位论文,2013.

[3]姜娟娟.从生态语言学视角看网络流行语[D].陕西师范大学,2012.

[4]李君.新时期汉语词语构造方式及其语法功能的变化与发展[D].黑龙江大学硕士学位论文,2003.

[5]李蓓.现代汉语新兴类词缀研究[D].辽宁师范大学硕士学位论文,2004.

[6]李昂.类后缀的频率效应与形成研究[D].中央民族大学,2016.

[7]李娟.基于生态语言学理论的现代汉语流行语研究[D].西北大学,2012.

[8]梁洁."反×"词语模的多角度研究[D].华中师范大学,2011.

[9]林君峰.现代汉语派生构词研究[D].福建师范大学硕士学位论文,2005.

[10]李韧.英汉类比新词的认知研究[D].湖南师范大学硕士学位论文,2008.

[11]刘吉艳.汉语新词语词群现象研究[D].上海外国语大学博士学位论文,2008.

[12]石月娇.汉语新词语类词缀研究[D].曲阜师范大学,2016.

[13]熊洁.现代汉语新词新语词语模研究[D].四川师范大学,2013.

[14]徐佳.生态语言学视域下的中国濒危语言研究[D].上海外国语大学,2010.

[15]徐墨玺."×客"族新词研究[D].河南大学,2012.

[16]于瑶.现代汉语男性亲属称谓语词语模研究[D].辽宁师范大学,2015.

[17]禹存阳.现代汉语词语模研究[D].湘潭大学,2006.

[18]宜艳.当代表人词语模多维研究[D].南京师范大学学位论文,2018.

[19]邹春燕.生态语言学视域下的汉语网络流行语研究[D].华中师范大学,2015.

[20]张学敏.英语中的类比构词及其翻译:语言模因视角[D].中南大学硕士学位论文,2007.

(五)报告类

[1]教育部语言文字信息管理司组编.中国语言生活状况(2005)[R].北京:商务印书馆,2005.

[2]教育部语言文字信息管理司组编.中国语言生活状况(2006)[R].北京:商务印书馆,2006.

［3］教育部语言文字信息管理司组编. 中国语言生活状况（2007）［R］. 北京：
商务印书馆, 2007.

［4］教育部语言文字信息管理司组编. 中国语言生活状况（2008）［R］. 北京：
商务印书馆, 2008.

［5］教育部语言文字信息管理司组编. 中国语言生活状况（2009）［R］. 北京：
商务印书馆, 2009.

［6］教育部语言文字信息管理司组编. 中国语言生活状况（2010）［R］. 北京：
商务印书馆, 2010.

［7］教育部语言文字信息管理司组编. 中国语言生活状况（2011）［R］. 北京：
商务印书馆, 2011.

［8］教育部语言文字信息管理司组编. 中国语言生活状况（2012）［R］. 北京：
商务印书馆, 2012.

［9］教育部语言文字信息管理司组编. 中国语言生活状况（2013）［R］. 北京：
商务印书馆, 2013.

［10］教育部语言文字信息管理司组编. 中国语言生活状况（2014）［R］. 北
京：商务印书馆, 2014.

［11］教育部语言文字信息管理司组编. 中国语言生活状况（2015）［R］. 北
京：商务印书馆, 2015.

［12］教育部语言文字信息管理司组编. 中国语言生活状况（2016）［R］. 北
京：商务印书馆, 2016.

［13］教育部语言文字信息管理司组编. 中国语言生活状况（2017）［R］. 北
京：商务印书馆, 2017.

［14］教育部语言文字信息管理司组编. 中国语言生活状况（2018）［R］. 北
京：商务印书馆, 2018.

［15］教育部语言文字信息管理司组编. 中国语言生活状况（2019）［R］. 北
京：商务印书馆, 2019.

[16]教育部语言文字信息管理司组编.中国语言生活状况(2020)[R].北京:商务印书馆,2020.

(六)词典类

[1]冯志纯,周行健.新编汉语多功能词典[Z].北京:国际文化出版社,1989.

[2]郭熙.汉语新语汇词典[Z].南京:江苏教育出版社,1993.

[3]侯敏,杨尔弘.2011汉语新词语[Z].北京:商务印书馆,2012.

[4]李行健.汉语新词词典[Z].北京:语文出版社,1993.

[5]林伦伦.现代汉语新词语词典[Z].广州:花城出版社,2000.

[6]王德惠,程希岚.中华古今词义对比词典[Z].长春:吉林文史出版社,2003.

[7]王艾录.汉语理据词典[Z].北京:华龄出版社,2006.

[8]于根元.现代汉语新词词典[Z].北京:北京语言学院出版社,1996.

[9]周洪波.新华新词语词典[Z].北京:商务印书馆,2003.

[10]周士琦.实用解字组词词典[Z].上海:上海辞书出版社,1986.

[11]邹嘉彦,游汝杰.21世纪华语新词语词典[Z].上海:复旦大学出版社,2007.

[12]中国社会科学院语言研究所词典编纂室.现代汉语词典(第七版)[Z].北京:商务印书馆,2016.

附 录

附录一　当代汉语新词族（部分）

　　共同语素（或词）为单音节的新词族：×热、×迷、×盲、×族、×虫、×痴、×托、×爷、×帝、×姐、×哥、×女、×男、×嫂、×奴、×客、×党、×团、×后、×控、×秀、×巴、×吧、×的、×霸、×替、×体、×丁、×谷、×商、×长、×咖、×梗、×怒、×癌、×宅、××狗、××猿、××系、××杀、××哒、××脸、××人……

　　丁×、尬×、零×、软×、囧×、裸×、宅×、驴×、闪×、撞×、微×、博×、雷×、云××、撞×、暖×、梗×、秒×、怒×、假××、零××、她××、他××、拼×、晒××、轻××、爆×、被××、刷××、微××、躺×……

　　共同语素（或词）为双音节的新词族：×二代、××套餐、××工程、××Style、××姐姐、××创客、××贴士、××担当、××女郎、××盛宴

　　低碳××、绿色××、山寨××、创客××、佛系××、国民××、神仙××、实力××、硬核××、土味××……

附录二　当代汉语新词族语料（部分）

1. ×奴（该类推结构是名词性质）

（1）名词性成分+奴：房奴、车奴、子奴、节奴、礼奴、墓奴、证奴、卡奴、钱奴、券奴、股奴、电奴、油奴、气奴、医奴、妻奴、药奴、网奴、球奴、书奴、报奴、花奴、鸟奴、法奴、权奴、婚奴、情奴、欲奴、性奴、脚奴、厕奴、电脑奴、职称奴、外语奴、学位奴、论文奴。

（2）动词性成分+奴：垄奴、贪奴、爱奴、恨奴、教奴、学奴、考奴、工作奴、生活奴、养老奴、租房奴、考研奴、出国奴、看车奴、养车奴、买房奴、租房奴、养房奴、养老奴、出国奴、哈日奴、哈韩奴、团购奴、偷菜奴、美容奴、减肥奴、健身奴、养生奴、加班奴、考研奴、考证奴、补习奴、欠债奴、讨债奴。

2. ×霸（该类推结构是名词性质）

（1）名词性成分+霸：路霸、钢霸、乡霸、村霸、图霸、词霸、影霸、碟霸、电讯霸、财霸、车霸、鞋霸、声霸、电霸、视霸、血霸、歌霸、毒霸、油霸、煤霸、菜霸、鱼霸。

（2）动词性成分+霸：译霸、考霸、储霸、搜霸、浴霸、解霸、视霸、洁霸、净霸。

（3）形容词性成分+霸：凉霸、强霸、巨无霸。

（4）副词性成分+霸：超霸。

（5）区别词性成分+霸：彩霸、面霸。

3. ×吧（该类推结构是名词性质）

（1）名词性成分+吧：网吧、陶吧、布吧、画吧、茶吧、琴吧、话吧、车吧、水吧、冰吧、果吧、餐吧、棋吧、氧吧、迪吧、球吧、影吧、彩妆吧、英语吧、文化吧、漫画吧、书画吧、芦荟吧、玩具吧、温泉吧、玻璃吧、玩具吧、功夫吧、音乐吧、休闲吧、花卉吧、咖啡吧、股吧、报刊吧、彩票吧、零点吧、小说吧、资源吧、财经吧、桥吧、贴吧、大学生吧、意思吧、简历吧、表情吧、心灵吧、校园吧、茶餐吧、图吧、假日吧、海边吧、百度吧、考试吧、文章吧、陶吧、社会学吧、期货吧、影视吧、房吧、摄影吧、新闻吧、词吧、音乐吧、摩托吧、迪吧、书吧、鸟吧、米粉吧、服饰吧、话吧、邮吧、玩具吧、家电吧、醋吧、粥吧、巧克力吧、泥吧、树吧、指甲吧、首饰吧、鞋吧。

(2)动词性成分+吧:淘吧、动吧、读吧、改吧、看吧、问吧、聊吧、翻滚吧、表演吧、哭泣吧、发泄吧、醒悟吧、慢摇吧、好想吧、交友吧、击剑吧。

(3)形容词性成分+吧:酷吧、开心吧、清吧、凉吧、热吧、幽默吧。

4.×迷(该类推结构是名词性质)

名词性成分+迷:歌迷、舞迷、影迷、小说迷、台球迷。

5.×盲(该类推结构是名词性质)

名词性成分+盲:文盲、机盲、歌盲、舞盲、影盲、台球盲。

6.×姐、×哥、×嫂、×爷(该类推结构是名词性质)

(1)名词性成分+哥(姐、嫂、爷):的哥、的姐、的嫂、空嫂、芭嫂、款爷、膀爷、柜姐。

(2)动词性成分+哥(姐、嫂、爷):护嫂、呼嫂。

(3)形容词性成分+哥(姐、嫂、爷):富姐、犀利哥。

(4)字母词+哥(姐、嫂、爷):Mall 姐、U 姐、U 哥。

7.×党(该类推结构是名词性质)

(1)名词性成分+党:七分党、电话党、迷药党、酒店党、绿毛党、女皇党、公主党、妖精党。

(2)动词性成分+党:换钞党、踩脚党、抢包党、抬车党、砍手党、撞车党、偷车党、敲车党、剁手党。

(3)动名兼类词+党:背包党。

(4)字母词+党:OP 党、G 党、K 党、HINA 党、PM 党。

8. ×替（该类推结构是名词性质）

(1)名词性成分+替：饭替、舞替、武替。

(2)动词性成分+替：睡替、抽替。

(3)形容词性成分+替：裸替。

(4)动名兼类词+替：吻替。

9. ×的（该类推结构是名词性质）

名词性成分+的：马的、飞的、轿的、驴的、摩的、面的等。

10. 的×（该类推结构是名词性质）

(1)的+亲属称谓：的哥、的嫂、的姐。

(2)的+名词性语素：的票、的费。

11. ×托（该类推结构是名词性质）

名词性成分+托：婚托、商托、房托、医托等。

12. ×套餐（该类推结构是名词性质）

(1)名词性成分+套餐：资费套餐、文化套餐、动感地带套餐、资金套餐。

(2)动词性成分+套餐：装修套餐、瘦身套餐、健身套餐、美白套餐、抗皱套餐。

13. ×痴、×虫（该类推结构是名词性质）

(1)名词性成分+虫：书虫、垃圾虫、工程虫、网虫、电脑虫、咖啡虫、房虫、车虫、药虫、人虫、办公虫、千年虫、千禧虫、万年虫、舞虫、吧虫、电影虫、电视虫、电脑虫。

(2)动词性成分+虫：寄生虫、害人虫、混世虫、放屁虫、跟屁虫、叮人虫、爱虫、应声虫、捣蛋虫、爬格虫、上班虫、闹虫、恋爱虫、聊虫、画虫。

(3)形容词性成分+虫：糊涂虫、懒虫、可怜虫、馋虫、瞌睡虫、软骨虫、病虫。

(4)字母词+虫：QQ虫。

14. ×男、×女（该类推结构是名词性质）

(1)形容词性成分+男（女）：帅男、潮男、奇男、熟男、好男、俊男、靓男、

淑男、猛男、超酷男、成熟男、轻熟男、恶男、坏男、色男、裸男、衰男、好色男、
妖娆男、美女、才女、淑女、圣女、好女、靓女、熟女、猛女、乖乖女、超酷女、
轻熟女、腐女、奸女、贱女、蠢女、狂女、霉女、辣女、狠女、暴女、懒女、怪女、
媚女、魅女、糙女、俗女、无知女、艳女、闲女、剩（男/女）、单身男、凤凰男、
孔雀女、奶嘴男、饼干女、摩羯男、金牛男、狮子女、白羊女、摩羯女、狮子女、
金牛女、乐活女、天秤女、天秤男、同人女、同人男、雅阁女、布波女、闷骚男、
健康男、可爱男、娇娇女、懦弱男。

（2）副词性成分+男（女）：超男、超女。

（3）名词性成分（部分是专有名词）+男（女）：港男、湘女、越女、深圳女、
中国女、巴西女、惠安女、别克女、渝女、玉女、财女、车女、知女、烟枪男、天秤
男/女、宅男/女、网红女、小资女、绯闻男、花样男、商务男、电脑男、出纳男、
讲座男、白领男、媒体男、职业男、职场男、吧女、妓女、牧羊女、农家女、鱼男、
蛙女、肌肉男、光头男、牛仔男、干物女、龅牙女、红本女。

（4）名形兼类词+男（女）：流氓女、流氓男。

（5）动词性成分+男（女）：打女、没女、逃跑男、旺夫女、贪杯男、爱酒男、
吸烟男、呼噜男、晒女、润物女、爆红男、卖猪男、应酬男、失业男、努力男、
奋斗男、暴哭女。

（6）字母词+男（女）：IT男。

（7）区别词+男（女）：快男、快女。

（8）联合结构+男（女）：经济适用男、简单方便女。

15.×族（该类推结构是名词性质）

（1）动词性成分+族：捧车族、合吃族、急婚族、试药族、啃椅族、啃老族、
乐活族、慢活族、陪拼族、装嫩族、赖校族、奔奔族、傍傍族、读族、考研族、
领舞族、打工族、涉外族、接送族、旁听族、上班族、下班族、走班族、加班族、
追星族、捧星族、吹星族、骑车族、乘车族、驾车族、开车族、打车族、购车族、
销车族、洗车族、爱车族、追车族、飙车族、玩车族、飞车族、拼客族、狩猎族、
暴走族、刷卡族、陪拼族、月光族、校漂族、有车族、无车族、北漂族、号哭族、

本本族、淘宝族、相亲族、穷忙族、裸婚族、蜗居族、刷夜族、轻食族、路怒族。

（2）名词性成分+族：月光族、飞鱼族、吊瓶族、驴族、蚁族、摩托车族、工薪族、电脑族、拇指族、草莓族、柿子族、水蜜桃族、书包族、博客族、小说族、音响族、素食族、私车族、候鸟族、跳蚤族、背包族。

（3）形容词性成分+族：媚皮族。

（4）偏正结构+族：低薪休闲族、国际自由族、网络晒衣族（晒衣族）、以卡养卡族、职业撞车族、网上同居族、草原百灵族。

（5）区别词+族：单身族。

（6）字母词+族：T族、G族、e酷族、BP族、QQ族、NONO族、BOBO族、SOHO族、3P族、OK族、IPad族、NONO族、LOMO族。

16.×客（该类推结构是名词性质）

（1）动词性成分+客：赞客、骂客、播客、视客、测客、写字客、搜索客、租车客、淘金客、投机客、好搜客、爱音客、测试客、换客、秀客、拍客、印客、搜客、淘客、晒客、粉飞客、拼客、哄客、飞客、闪客、切客、试客、掘客、晒客、创客、刷书客。

（2）名词性成分+客：纽约客、青春客、都市客、街头客、校园客、新岛客、山野客、天堂客、徽客、红酒客、文字客、烟客、网客、图客、漫客、乐客、信客、兼职客、粉客、米客、职客。

（3）形容词性成分+客：逍遥客、智能客、酷客、醉客，傲客、趣客、贫客、威客、优客、摩客、奇客、黑客、灰客、红客、蓝客、悠客、粉客。

（4）名形兼类词+客：自由客。

（5）动名兼类词+客：背包客。

（6）副词+客：极客。

（7）音译词：博客。

17.×巴（该类推结构是名词性质）

（1）区别词+巴：大巴、中巴、小巴、快巴、冷巴、热巴。

（2）名词性语素+巴：楼巴、屋巴、村巴、镇巴、城巴、水巴、农巴、厂巴、商巴、校巴。

（3）动词性语素+巴:卧巴。

（4）色彩义形容词性语素+巴:红巴、黄巴、绿巴、黑巴。

18. 巴×(该类推结构是名词性质)

巴+亲属称谓:巴姐、巴嫂、巴哥。

19. ×门(该类推结构是名词性质)

（1）名词性成分+门:伊朗门、拉链门、婚礼门、馒头门、电话门、白宫秘书门、翻译门、虐囚门、奖金门、情报门、化妆门、哈欠门、姻亲们、文胸门、电话门、墙角门、天台门、饭局门、的士门、精舞门、技校门、海运门、公交门、网吧门、茶杯门、车祸门、兽兽门、交院门。

（2）动词性成分+门:解说门、泼墨门、接吻门、秒杀门、吹箫门、野战门、诈捐门、抄袭门、转会门、脱衣门、堕胎门、骚扰门、搜索门、破解门、踩猫门、撞衫门、跪地门、捐款门、虐狗门、跳跳门、烧钱点烟门、乞讨网费门。

（3）偏正结构+门:学历造假门、厕所男婴门、肯德基秒杀门、霸王洗发水致癌门、珠海旋风门、师生激吻门、合肥力量哥裸奔门、香港卧室门、南京悠悠大学校花门、广院献身门、魔兽世界交易门、湖南秋千门、北京空姐吸毒门、香港后楼梯门、上海地铁洗手门、公园拉拉门、雅芳传销门、雅芳退货门。

（4）主谓结构+门:亚姐洗澡门、富士康员工自杀门。

（5）名动兼类词+门:录音门。

（6）动形兼类词+门:自由门。

（7）字母词+门:BT门。

20. ×秀(该类推结构是名词性质)

（1）名词性成分+秀:计秀、网秀、伞秀、图秀、艺秀、服装秀、处女秀、玫瑰秀、时装秀、猛男秀、状元秀、内衣秀、谈话秀、歌舞秀、人妖秀、失误秀、泳装秀、钻石秀、街头秀、个人秀、政治秀、乐队秀、玫瑰秀、彩妆秀、舞台秀、影音秀、铜管秀、餐厅秀、民主秀、烟火秀、槟榔秀、篮球秀、美女秀、宝宝秀、宝贝秀、电视秀、歌迷秀、歌厅秀、裸女秀、现场秀、真人秀、广场秀、卡秀、音乐秀、儿歌秀、歌手秀、写真秀、艺术秀、市场秀、集体秀、处子秀、身体秀、军事秀。

（2）动词性成分+秀：脱口秀、开台秀、变装秀、逆转秀、模仿秀、反串秀、谎言秀、倒阁秀、脱衣秀、打鼓秀、表演秀、轧空秀、保送秀、促销秀、换人秀、换装秀、逼退秀、逼辞秀、演歌秀、压轴秀、喂鱼秀、灌篮秀、变脸秀、政绩秀、跳楼秀、告别秀、走光秀、魅影秀、扫描秀、闪光秀、在线秀。

（3）形容词性成分+秀：腐败秀、清凉秀、性感秀。

（4）动名兼类词+秀：微笑秀。

21. ×热（该类推结构是名词性质）

（1）名词性成分（部分是专有名词）+热：弗洛伊德热、尼采热、戈尔泰热、诸葛亮热、三毛热、张爱玲热、孔子学院热、宠物热、国学热、彩票热、奥数热、奖券热、文凭热、羽绒热、亚运热、汉语热、英语热、中文热、教育热、高考热。

（2）动词性成分+热：跳槽热、投资热、健身热、出版热、采宝石热、养鸡热、植棉热、养蟹热、追星热、购书热、插花热、留华热、减肥热、旅游热、读研热、经商热、淘金热。

（3）动名兼类词+热：装潢热、销售热、收藏热。

（4）偏正结构+热：职业教育热、社会丛书热、英语口语热、电子词典热、官场小说热、出国培训热、出国学习热、高考状元热、私人购车热、公车消费热、群众乒乓球热、公务员报考热、名牌消费热、群众乒乓球热、课外辅导热、高考状元成功学热。

22. ×控（该类推结构是名词性质）

（1）名词性成分+控：妹控、女王控、正太控、萝莉控、御姐控、美少年控、猫耳控、银发控、冰山控、制服控、狐狸控、格纹控、碎花控、建筑控、鞋控、文具控、百合控、伪娘控、妹妹控、男性发卡控、绯闻控、绝对领域控、食物控、纯棉控、高跟鞋控、流苏控、封面控、眼镜控、大龄偶像控、镜子控、长靴控、脑残控、宝宝控、包包控、冰山控、细节控、西装控、杂志控、学院风控、电影控、数码控、马尾控、西瓜控、火车控、眼镜控、化妆控、盒子控、帽子控、耳钉控、美丽控、图书控、火锅控、长发控、手机控、发带控、品牌控。

（2）动词性成分+控：骑车控、睡觉控、播音控、旅行控、化妆控、通杀控、食控、路过控、跑步控、蹦极控、播音控、过膝控、熬夜控、结婚控、签到控、街拍控、游戏控、减肥控。

（3）形容词性成分+控：强大控、腹黑控、脑残控、美丽控。

（4）字母词+控：KENDO 控、ALL 控、LOLI 控。

23.×帝（该类推结构是名词性质）

（1）名词性成分+帝：自尊帝、表情帝、章鱼帝、熊猫帝、龙套帝、三轮帝、数学帝、口才帝、真相帝、状态帝、内涵帝、眼神帝、表情帝、真相帝、观点帝、真理帝、天赋帝。

（2）动词性成分+帝：洗面帝、抱怨帝、理财帝、爆转帝、亮灯帝、瞌睡帝、练摊帝、引爆帝、预言帝、转发帝、吐槽帝、崩盘帝、回传帝、预测帝、助攻帝、懂球帝、截图帝、咆哮帝。

（3）形容词性成分+帝：淡定帝、霸气帝、执着帝、励志帝、纠结帝、呆萌帝、傲娇帝、邪恶帝、关键帝、忧郁帝。

24.×体（该类推结构是名词性质）

（1）专有名词+体：凡客体、淘宝体、元芳体、甄嬛体、丹丹体。

（2）普通名词+体：子弹体、生活体、肘子体、梨花体、羊羔体、菜刀体。

（3）介词短语+体：眼中体。

（4）动词短语+体：咆哮体、天气预报体、Hold 住体、撑腰体。

25.×人（该类推结构是名词性质）

（1）动词性成分+人：打工人、守馅人、干饭人。

（2）名词性成分+人：尾款人、定金人、工具人、名媛人、祖安人、原年人。

26.×宅（该类推结构是名词性质）

（1）动词性成分+宅：运动宅、做饭宅、刷剧宅、亲子宅、学习宅。

（2）名词性成分+宅：商务宅、甜蜜宅、吃货宅、文艺宅、动漫宅。

（3）形容词性成分+宅：孝顺宅、健康宅、死宅、资深宅。

（4）区别词+宅：初级宅、深度宅。

27. 晒×(该类推结构是名词性质)

(1)晒+具体名词:晒工资、晒存折、晒福利、晒股票、晒基金、晒彩票、晒钻戒、晒珠宝、晒手表、晒皮鞋、晒玩具、晒手机、晒厨房、晒家具、晒宝贝、晒花卉、晒宠物、晒博客、晒小吃、晒房价、晒别墅。

(2)晒+抽象名词:晒经验、晒秘籍、晒亲情、晒初恋。

(3)晒+名动兼类词:晒装修、晒收藏、晒成长。

(4)晒+名形兼类词:晒舒适。

(5)晒+形容词:晒恩爱。

28. 零×(该类推结构是名词性质)

(1)零+名词性成分:零报告、零风险、零成交量、零缺陷、零缺陷工程、零营运资本、零环节、零利润、零管理工具、零通货膨胀、零家庭暴力。

(2)零+动词或动名兼类词:零感染、零接待、零保持、零容忍、零研究、零标记、零伤亡。

29. 准×(该类推结构是名词性质或形容词性质)

(1)准+名词性成分:准导体、准电介质、准分子、准契约、准静止锋、准政府主义、准科学、准平面、准纵波、准期货、准老公、准系统、准 MBA 阵线、准建筑工人、准提法。

(2)准+名形兼类词:准专业。

(3)准+动名兼类:准感觉、准自由付款、准工作。

(4)准+形容词:准完美、准公平、准下流。

(5)准+动形兼类词:准饱和。

30. 裸×(该类推结构是名词性质或形容词性质)

(1)裸+动词性成分:裸捐、裸考、裸卖、裸唱、裸颂、裸聊、裸播、裸秀、裸泳、裸睡、裸航、裸讨、裸运、裸诵、裸晒、裸跑、裸唱、裸替、裸写、裸寄、裸演、裸闹、裸教、裸奔、裸退、裸辞、裸购、裸葬、裸乘、裸跳、裸走、裸闹、裸教、裸售、裸行、裸游、裸蹦、裸卖空、裸放空。

(2)裸+名词性成分:裸价、裸广告、裸时代、裸净价、裸豆腐、裸文化、裸视频、裸设备、裸妆、裸钻、裸事、裸足、裸风、裸戏、裸模、裸片、裸照、裸机、裸价、裸眼、裸钻、裸设备、裸净价、裸工资、裸胸、裸镜、裸风、裸潮、裸官、裸色、裸包装。

（3）裸+区别词:裸女、裸男。

（4）裸+名动兼类词:裸画。

（5）裸+动形兼类词:裸死。

31.她×（该类推结构是名词性质）

（1）她+名词性成分:她时代、她视角、她周刊、她世纪、她盟、她掌门。

（2）她+动词性成分:她说、她消费。

（3）她+名形兼类词:她美丽、她时尚。

32.拼×（该类推结构是动词性质）

（1）拼+名词性成分（具体名词或抽象名词）:拼房、拼车、拼饭、拼卡、拼爱心。

（2）拼+动词性成分:拼购、拼游、拼玩、拼学。

33.吧×（该类推结构是名词性质）

（1）吧+区别词:吧男、吧女。

（2）吧+亲属称谓:吧哥、吧嫂、吧姐。

（3）吧+名词性语素:吧台、吧期、吧房。

34.热×（该类推结构是名词性质或动词性质）

（1）热+动词性成分:热销、热骂、热生、热演、热穿、热卖、热映、热播、热搜、热议、热传、热捧、热迎、热炒。

（2）热+名词性成分:热宅、热词、热剧、热裤、热股。

35.驴×（该类推结构是名词性质或动词性质）

（1）驴+名词性成分:驴族、驴友、驴窝。

（2）驴+动词性成分:驴行。

36.宅×（该类推结构是名词性质）

（1）宅+区别词:宅男、宅女。

（2）宅+名动兼类词：宅爱、宅游戏、宅办公、宅教学、宅居、宅消费。

（3）宅+动词性成分：宅抗疫。

（4）宅+名词性成分：宅人、宅青、宅家、宅娃、宅经济、宅生活。

37.博×（该类推结构是名词性质）

博+名词性成分：博友、博龄、博客（外来词）。

38.雷×（该类推结构是名词性质或动词性质）

（1）雷+名词性成分：雷人、雷语、雷照、雷奖、雷哥、雷事、雷文化、雷民、雷主、雷剧、雷词。

（2）雷+形容词性成分：雷晕、雷傻。

（3）雷+动词性成分：雷倒。

39.闪×（该类推结构是名词性质或动词性质）

（1）闪+名词性成分：闪客、闪吧、闪信、闪盟。

（2）闪+动词性成分：闪婚、闪离、闪存。

（3）闪+动名兼类词：闪邮、闪秀。

40.囧×（该类推结构是名词性质）

囧+名词性成分：囧人、囧事、囧图、囧片、囧闻、囧照、囧脸、囧客、囧论坛、囧神、囧包、囧鞋、囧网站、囧吧、囧广告、囧语、囧句、囧民、囧视频、囧歌、囧文化、囧产品、囧科技、囧猫、囧囧兔、囧囧熊、囧科技。

41.微×（该类推结构是名词性质）

（1）微+名词性成分：微博、微信、微时代、微电影、微民、微文化、微小说、微新闻、微谣言、微喜剧、微简历、微爱情、微域名、微情书。

（2）微+动词性成分：微管、微扩散。

（3）微+动名兼类词：微投诉、微访谈。

42.×二代（该类推结构是名词性质）

（1）名词性成分+二代：官二代、农二代、民二代、权二代、星二代、名二代、军二代、"苹果"二代、"小米"二代。

（2）动词性成分+二代：学二代、拼二代、演二代。

(3)形容词性成分+二代:富二代、穷二代、红二代、独二代。

43.×贴士(该类推结构是名词性质)

(1)动词性成分+贴士:旅游贴士、减肥贴士、求职贴士、考研贴士。

(2)形容词性成分+贴士:健康贴士。

44.山寨×(该类推结构是名词性质)

山寨+普通名词:山寨版、山寨帮、山寨潮、山寨车、山寨风、山寨街、山寨军、山寨剧、山寨品、山寨机、山寨明星、山寨新闻、山寨乐园、山寨取款机、山寨厂商、山寨工厂、山寨文化、山寨春晚、山寨风。

45.绿色×(该类推结构是名词性质)

(1)绿色+名词性成分:绿色蔬菜、绿色牛奶、绿色粮食、绿色化肥、绿色工业、绿色家电、绿色汽车、绿色冰箱、绿色食品、绿色科技、绿色论丛、绿色教育、绿色周刊、绿色意识、绿色使者、绿色效益、绿色设计。

(2)绿色+动词性成分:绿色消费、绿色采购、绿色审计、绿色管理、绿色开发、绿色治疗。

(3)绿色+动名兼类词:绿色批评、绿色服务、绿色包装。

46.低碳×(该类推结构是名词性质或动词性质)

(1)低碳+名词性成分:低碳主角、低碳星、低碳族、低碳潮人、低碳哥、低碳妹、低碳生活、低碳元年、低碳政策、低碳产业链、低碳企业、低碳产业、低碳技术、低碳项目、低碳城市、低碳领域、低碳板块、低碳行情、低碳烹调法、低碳中国、低碳圣诞节、低碳时代、低碳漆、低碳模式、低碳问题、低碳状态、低碳日、低碳黄金周、低碳会议、低碳超市、低碳金融、低碳考卷、低碳冲击波、低碳之春、低碳社区、低碳达人。

(2)低碳+动词性成分:低碳竞争、低碳消费、低碳变革、低碳号召、低碳旅游、低碳发展、低碳转型。

(3)低碳+区别词:低碳男、低碳女。

(4)低碳+动名兼类词:低碳革命。

(5)低碳+偏正结构:低碳俏佳人。

47. ××Style(该类推结构是名词性质)

(1)名词性成分+ Style:武汉 Style、理工男 Style、航母 Style。

(2)形容词性成分+Style:幸福 Style。

(3)动词性成分+Style:走你 Style。

(4)副词性成分+ Style:非常 Style。

(5)数词性成分+Style:0 ℃ Style。

48. 创客××(该类推结构是名词性质)

创客+名词性成分:创客空间、创客星球、创客之家、创客中心、创客论坛、创客文化、创客小说、创客经济、创客时代、创客教育、创客教父、创客新政、创客平台、创客星空、创客天堂、创客江湖、创客梦、创客节、创客周。

49. ××创客(该类推结构是名词性质)

(1)名词性成分+创客:电商创客、文化创客、金融创客、石油创客、民间创客、草根创客。

(2)动词性成分+创客:剪纸创客。

(3)形容词性成分+创客:小微创客。

50. ××哒(该类推结构是动词性质或形容词性质)

(1)拟声词+哒:么么哒。

(2)形容词成分+哒:萌萌哒、胖胖哒、帅帅哒、妥妥哒、软软哒、美美哒、棒棒哒、酷酷哒、香香哒、甜甜哒、暖暖哒、坏坏哒、呆呆哒、胖胖哒、笨笨哒、贱贱哒、蠢蠢哒、丑丑哒。

(3)动词性成分+哒:谢谢哒、学学哒、亲亲哒。

51. ××脸(该类推结构是名词性质)

形容词性成分+脸:严肃脸、惊恐脸、害羞脸、温柔脸、忧郁脸、悲伤脸、幸福脸、尴尬脸、正经脸、正直脸、认真脸、复杂脸、天真脸、纯洁脸。

52. ××盛宴(该类推结构是名词性质)

(1)名词性成分+盛宴:汽车盛宴、足球盛宴、文物盛宴。

(2)名动兼类词+盛宴:视听盛宴、科普盛宴、服务盛宴。

（3）字母词+盛宴：WTO 盛宴。

53. 爆×（该类推结构是名词性质、动词性质或形容词性质）

（1）爆+名词性成分：爆表、爆棚、爆盆、爆痘、爆灯、爆种、爆雷、爆款、爆品、爆文。

（2）爆+动词性成分：爆追、爆伤、爆抢、爆哭、爆担心。

（3）爆+形容词性成分：爆美、爆低、爆好吃、爆努力、爆倒霉。

54. 被××（该类推结构是动词性质）

（1）被+名词性成分：被胃癌、被奥数、被自传、被二奶、被下等人、被高铁、被博士、被小康。

（2）被+动词性成分：被捐款、被就业、被自杀、被增长、被自传、被留学、被死亡、被建议、被同居、被代表、被围观、被失踪、被自毁前程。

（3）被+形容词性成分：被健康、被富裕、被幸福、被急躁、被长寿。

（4）被+能愿动词：被自愿。

（5）被+数词：被78％。

55. 丁×（该类推结构是名词性质）

（1）丁+名词性成分：丁期、丁狗。

（2）丁+动词性成分：丁宠、丁啃。

56. ×丁（该类推结构是名词性质）

（1）名词性成分+丁：铁丁。

（2）动词性成分+丁：悔丁。

（3）形容词性成分+丁：白丁。

57. 尬×（该类推结构是动词性质或名词性质）

（1）尬+动词性成分：尬舞、尬谈、尬喝、尬笑、尬聊、尬写、尬演、尬煮、尬吃、尬拍、尬唱、尬植、尬武、尬画、尬游、尬会、尬玩、尬嗨、尬吹、尬评、尬撩、尬捧、尬追、尬相亲、尬自拍、尬捆绑。

（2）尬+名词性成分：尬点、尬场、尬歌、尬值、尬酒、尬戏、尬饭、尬车、尬剧、尬膜、尬照、尬图、尬境、尬局、尬脑、尬架、尬牙、尬歌房、尬派对、尬睫毛、尬小区、尬商场、尬中年、尬公司、尬中产、尬人生。

（3）尬+形容词性成分：尬黑。

58.×谷（该类推结构是名词性质）

（1）名词性成分+谷：软件谷、药谷、生物谷、科技谷、云谷、磁谷、数据谷、碳谷、芯谷、网谷、电商谷、陶瓷谷、光谷、绿谷、生态谷。

（2）形容词性成分+谷：低碳谷、美谷。

（3）动词性成分+谷：创业谷、设计谷、旅游谷、创新谷、智造谷。

59.国民×（该类推结构是名词性质）

国民+名词性成分：国民老公、国民媳妇、国民岳父、国民美少女、国民车、国民手机。

60.假×（该类推结构是名词性质）

（1）假+名词性成分：假中文、假春天、假觉、假大学、假周末、假大脑、假女友、假男友、假书、假笔、假手、假学霸。

（2）假+动词性成分：假考、假试。

61.零×（该类推结构是名词性质）

（1）零+动词性成分：零发生、零刺激、零容忍、零懈怠、零投诉、零债务、零消费。

（2）零+名词性成分：零资本、零距离、零感情、零门槛、零负担、零基础。

62.秒×（该类推结构是动词性质）

秒+动词性成分：秒杀、秒退、秒回、秒删、秒拍、秒赚、秒射、秒赞、秒传、秒忽、秒末、秒摆、秒进、秒掉、秒出。

63.怒×（该类推结构是动词性质或形容词性质）

（1）怒+动词性成分：怒批、怒喷、怒踹、怒怼、怒买、怒读、怒吃、怒喝、怒刷、怒赞。

（2）怒+形容词性成分：怒丑、怒美、怒蓝。

64.×怒（该类推结构是名词性质）

名词性成分+怒：路怒、网怒。

65. 撞×（该类推结构是动词性质）

撞+名词性成分：撞脸、撞指纹、撞衫、撞鞋、撞包、撞袜、撞裤、撞帽、撞造型。

66. 轻××（该类推结构是名词性质、动词性质或形容词性质）

（1）轻+名词性成分：轻公司、轻知识、轻课堂、轻创意、轻乳酪、轻芝士、轻税率、轻灾区、轻口味、轻喜剧、轻小说、轻体育、轻绅士、轻旋律、轻智障、轻瑜伽、轻文学、轻杂志、轻音乐。

（2）轻+形容词性成分：轻奢侈、轻时尚、轻经典、轻商务。

（3）轻+动词性成分：轻虐、轻食、轻淘、轻聊、轻压痛、轻断食、轻食、轻阅读、轻应用、轻创业、轻旅行、轻办公、轻旅行、轻运动。

（4）轻+区别词：轻单。

67. ×商（该类推结构是名词性质）

（1）动词性成分+商：变商、爱商、交际商、领导商。

（2）形容词性成分+商：逆商、灵商、美商。

（3）名词性成分+商：乐商、魂商、德商、财商。

68. 神仙××（该类推结构是名词性质）

（1）神仙+名词性成分：神仙阵容、神仙级别、神仙颜值、神仙技能、神仙爱情、神仙简历、神仙履历、神仙考题。

（2）神仙+动词性成分：神仙操作、神仙选角。

69. 刷××（该类推结构是动词性质）

（1）刷+名词性成分：刷微博、刷机、刷活、刷剧、刷单、刷题、刷票、刷库、刷脸、刷阅读、刷装备、刷钻、刷屏、刷分、刷夜、刷街、刷帖、刷客、刷手机、刷任务、刷信誉、刷人气、刷头条、刷纪录、刷高分、刷存在感、刷访问量、刷榜、刷身份证、刷指纹、刷评论、刷弹幕、刷金币、刷材料。

（2）刷+形容词性成分：刷爆、刷遍、刷破、刷足（眼球）、刷满。

70. 她××（该类推结构是名词性质）

（1）她+名词性成分：她时代、她力量、她经济、她智慧、她魅力。

（2）她+名动兼类词：她消费。

71.云××（该类推结构是名词性质或动词性质）

（1）云+名词性成分：云盾、云狗、云地图、云便签、云基金、云数据、云套餐、云图片、云物联、云系统、云相册、云新闻、云引擎、云硬盘、云音乐、云战略、云账号、云助手、云桌面、云笔记、云播放器、云平台、云生活、云演唱会、云餐馆、云门店、云菜场、云超市、云课堂、云讲座、云理论、云图书馆、云势力、云模型、云空调、云盘、云农场、云 IT、云备胎、云女友、云安全。

（2）云+动词性成分：云定位、云办公、云播放、云存储、云采集、云点播、云发展、云分发、云分享、云计算、云监控、云开发、云配送、云托管、云同步、云传输、云制造、云聊、云搜索、云通信、云健身、云娱乐、云学习、云运动、云休闲、云旅游、云观演、云吃饭、云蹦迪、云买菜、云赏春、云看病、云聚会、云扫墓、云监工、云看房、云就业、云签约、云招聘、云求职、云卖车、云卖房、云试驾、云抗疫、云逛馆、云读书、云聚会、云购车、云吃饭、云赏春、云拜年、云看灯、云捐赠、云复工、云签约、云庭审、云支付、云停车、云养汉、云养娃、云备胎、云吸猫、云追星。

（3）云+形容词：云智能、云健康。

72.××云（该类推结构是名词性质）

（1）名词性成分+云：阿里云、百度云、电信云、华为云、苹果云、盛大云、腾讯云、智能云、数据库云、弹性云。

（2）动词性成分+云：导航云、分发云、存储云、托管云。

（3）数词+云：360 云。

（4）区别词+云：私有云。

73.×长（该类推结构是名词性质）

名词性成分+长：湖长、河长、沟长、林长。

74.××咖（该类推结构是名词性质）

（1）字母词+咖：A 咖、B 咖。

（2）名词+咖：体育咖、科学咖、陶瓷咖、电影咖、声咖、社会咖、综艺咖、夜店咖、型咖、吃货咖。

（3）形容词性成分+咖：怪咖、酷咖、烂咖、小咖。

（4）动词性成分+咖：玩咖、导咖、逊咖。

75.实力××（该类推结构是名词性质、动词性质或形容词性质）

（1）实力+名词性成分：实力吃货、实力弟控、实力面瘫患者、实力痴汉脸、实力买家秀、实力小哥、实力网红、实力表情包、实力唱将、实力歌手、实力演员。

（2）实力+动词性成分：实力碾压、实力发糖、实力对比、实力凹造型、实力反馈、实力翻拍、实力撩妹、实力捂脸、实力心疼、实力圈粉、实力感谢、实力辣眼、实力带我飞、实力宠粉、实力拒绝、实力吊打、实力捧场、实力科普、实力白眼、实力假唱、实力哄媳妇、实力走秀、实力哭泣、实力表白、实力演绎、实力认证、实力感动、实力自黑、实力错过、实力羡慕、实力入境、实力抢镜、实力推荐、实力诠释、实力碾压、实力打脸、实力坑爹、实力卖萌、实力回击、实力带领、实力路转粉、实力蒙圈、实力见证。

（3）实力+形容词性成分：实力尴尬、实力开心、实力可爱、实力好听、实力害羞、实力好看。

76.暖×（该类推结构是名词性质）

暖+名词性成分：暖男、暖爸、暖歌、暖文、暖消费、暖色调、暖女。

77.×癌（该类推结构是名词性质）

（1）名词性成分+癌：妈癌、直男癌、公主癌、宅癌、语言癌、手机癌、宠物癌、少女癌、城市之癌、情怀癌、圣母癌。

（2）形容词性成分+癌：懒癌、丑癌、富癌、穷癌、尴尬癌、贪腐之癌。

（3）动词性成分+癌：社交癌、淘宝癌、晒爱癌、繁殖癌、豪车收藏癌、选择困难癌。

78.××猿（该类推结构是名词性质）

（1）名词性成分+猿：程序猿、公务猿。

（2）动词性成分+猿：传菜猿。

79.××狗（该类推结构是名词性质）

（1）名词性成分+狗：本科狗、学术狗、职场狗、外卖狗、工科狗、乒乓球狗、远光灯狗、单身狗、学位狗、大四狗、程序狗、篮球狗、美剧狗、文艺狗、白金狗、高中狗、高三狗、大学狗、研一狗、清华狗、交大狗、复旦狗、财大狗、工科狗、文科狗、材料狗、物理狗、社团狗、银行狗、科技狗、南方狗、北方狗、华南狗、西北狗、城市狗、乡村狗。

（2）动词性成分+狗：跟风狗、出国狗、恋爱狗、考研狗、销售狗、拖延狗、淘宝狗、大呼小叫狗、管理狗、摄影狗、加班狗、留学狗、健身狗、创业狗、炫富狗、代购狗、论文狗、挂科狗、翘课狗、游戏狗、辩论狗、演讲狗、开会狗、接孩狗、排队狗。

（3）形容词性成分+狗：颓废狗、矫情狗、恩爱狗、势力狗、拜金狗。

（4）字母词+狗：IT狗。

80.××系（该类推结构是形容词性质）

（1）名词性成分+系：佛系、暖男系、沙僧系、蛙系。

（2）动词性成分+系：治愈系、禁欲系。

81.土味××（该类推结构是名词性质）

土味+名词性成分：土味情话、土味审美、土味视频、土味翻译、土味文化、土味系列。

82.佛系××（该类推结构是名词性质、动词性质或形容词性质）

（1）佛系+名词性成分：佛系娃、佛系演员、佛系追星族、佛系员工、佛系建筑、佛系室友、佛系美食、佛系景点、佛系演员。

（2）佛系+动词性成分：佛系打游戏、佛系点赞、佛系养博、佛系追剧、佛系喝水、佛系开车。

（3）佛系+名动兼类词：佛系减肥、佛系度假、佛系健身、佛系自拍、佛系交友、佛系护肤。

（4）佛系+形容词：佛系热、佛系呆萌。

83. ××担当

（1）名词性成分+担当：颜值担当、智慧担当、搞笑担当、喜剧担当、门面担当、文化担当、魅力担当、浪漫担当、艺术担当、智商担当、气场担当、中文担当、封面担当、动作担当、力量担当、学术担当、鲜肉担当、技术担当。

（2）形容词性成分+担当：倒霉担当、野蛮担当、幽默担当、性感担当、搞笑担当。

（3）动词性成分+担当：营业担当、恋爱担当、摄影担当、接吻担当、受虐担当。

（4）名动兼类词+担当：微笑担当。

84. ××杀（该类推结构是名词性质）

（1）名词性成分+杀：三国杀、水浒杀、狼人杀、七日杀、英雄杀、水果杀、宝贝杀、婆婆杀、背影杀、电眼杀、侧颜杀。

（2）名动兼类词+杀：回忆杀。

（3）动词性成分+杀：摸头杀、搂肩杀、搂背杀、露肩杀。

85. 硬核××（该类推结构是名词性质或动词性质）

（1）硬核+动词性成分：硬核宠娃、硬核拆解、硬核探究、硬核回怼、硬核装备、硬核支撑。

（2）硬核+名词性成分：硬核日剧、硬核文化、硬核动画、硬核电影、硬核本、硬核嗓、硬核烧脑剧、硬核知识、硬核喜剧、硬核少年、硬核机甲、硬核英文、硬核朋友圈、硬核高科技、硬核精神、硬核力量、硬核装备、硬核联盟、硬核暖男、硬核男友、硬核抗疫。

（3）硬核+名动兼类词：硬核摇滚、硬核说唱、硬核游戏。

（4）硬核+区别词：硬核男、硬核女。

86. ××女郎（该类推结构是名词性质）

（1）动词性成分+女郎：谋女郎、淘女郎。

（2）名词性成分+女郎：香奈儿女郎、花瓶女郎、漆女郎、奥巴马女郎、花花公子女郎、橱窗女郎、新闻女郎、海绵女郎、美腿女郎、千变女郎、捧餐女郎、潜女郎、提灯女郎。

(3)形容词性成分+女:萌女郎、兔女郎、潮女郎、麻辣女郎。

(4)副词+女郎:最女郎。

(5)字母词+女郎:3H女郎。

87.××梗(该类推结构是名词性质)

(1)动词性成分+梗:融梗、抄梗、抛梗。

(2)名词性成分+梗:言情梗、年龄梗。

(3)形容词性成分+梗:烂俗梗。

88.梗×(该类推结构是名词性质)

梗+名词性成分:梗王。

89.躺×(该类推结构是动词性质或形容词性质)

(1)躺+名词性成分:躺枪。

(2)躺+动词性成分:躺赚、躺赢。

(3)躺+形容词性成分:躺平。

附录三　当代汉语新词族及相关词语
使用情况调查

日期：＿＿年＿＿月＿＿日　调查对象姓名：＿＿＿＿＿＿　联系电话：＿＿＿＿＿＿

【学生填】专业：＿＿＿＿＿＿＿＿　年级：＿＿＿＿＿＿＿

一、调查对象基本情况

1.性别：＿＿＿＿＿＿

2.您的民族成分：＿＿＿＿＿族　受教育程度：＿＿＿＿＿　职业：＿＿＿＿＿

3.您的年龄：＿＿＿＿＿（周岁）　婚否：＿＿＿＿＿

4.您的出生地＿＿＿＿＿＿＿＿＿＿＿＿＿＿＿＿＿

5.您迁入或者来到本地的年时长：＿＿＿＿＿＿＿＿＿＿＿＿＿＿＿

您在哪些地方（除出生地和现居住地之外）连续居住过一年以上,请注明时间、地点和外出目的。＿＿＿＿＿＿＿＿＿＿＿＿＿＿＿＿＿

6.您平时看报纸吗？　A.经常　　　B.偶尔　　　　C.从不

您通常看什么类型的栏目？【可多选】A.时政　B.财经　C.文艺

D.娱乐　E.时尚　F.体育　G.社会生活

7.您平时看电视吗？　A.经常　　　B.偶尔　　　　C.从不

您通常看什么类型的节目？【可多选】A.时政新闻　B.财经　C.文体

D.访谈　E.相亲　F.电视剧　G.其他

8.您平常上网吗？　A.经常　　　B.偶尔　　　　C.从不

您上网经常做什么？【可多选】A.聊天　B.浏览网站　C.看或写日记、微博等　D.打游戏　E.看电视

9.日常生活和交际中,您通过哪些途径接触新词新语？【可多选】

A.网络　B.电视　C.广播　D.书刊　E.报纸杂志　F.好友　G.同事

（或同学）　H. 家人　I. 其他

二、当代汉语新词族及相关词语的知晓情况（请您选择有下划线字的语义的正确选项）

1. ×<u>奴</u>　　房<u>奴</u> 车<u>奴</u> 孩<u>奴</u>

A. 不知道　　　　　　　　　　　　　B. 奴隶

C. 为（房、车、孩）而奴隶般忙碌的人　D. 其他（请注明）

2. ×<u>霸</u>　　　考<u>霸</u> 面<u>霸</u> 麦<u>霸</u>

A. 不知道　　　　　　　　　　　　　B. 霸主

C. 在某方面很厉害的人　　　　　　　D. 其他（请注明）

3. ×<u>哥</u>　　　的<u>哥</u> 犀利<u>哥</u> 纯情<u>哥</u>

A. 不知道　　　　　　　　　　　　　B. 比自己年龄大的男性

C. 仅指男性，含调侃意味　　　　　　D. 其他（请注明）

4. ×<u>二代</u>　　　富<u>二代</u> 穷<u>二代</u> 拼<u>二代</u>

A. 不知道　　　　　　　　　　　　　B. 升级换代产品

C. 具有一定社会特征人的后代　　　　D. 其他（请注明）

5. ×<u>党</u>　　　背包<u>党</u>

A. 不知道　　　　　　　　　　　　　B. 党派

C. 某一类人　　　　　　　　　　　　D. 其他（请注明）

6. ×<u>族</u>　　　上班<u>族</u> 飞鱼<u>族</u> 媚皮<u>族</u>

A. 不知道　　　　　　　　　　　　　B. 民族、族群

C. 某一类人　　　　　　　　　　　　D. 其他（请注明）

7. ×<u>客</u>　　　拍<u>客</u> 拼<u>客</u> 自由<u>客</u>

A. 不知道　　　　　　　　　　　　　B. 客人

C. 某一类人　　　　　　　　　　　　D. 其他（请注明）

8. ×<u>控</u>　　　微博<u>控</u> 正太<u>控</u> 结婚<u>控</u>

A. 不知道　　　　　　　　　　　　　B. 控制

C. 对某一事物极度喜欢的人　　　　　D. 其他（请注明）

9. ×<u>帝</u>　　洗面<u>帝</u> 灭灯<u>帝</u> 数学<u>帝</u>

A. 不知道　　　　　　　　　　　B. 皇帝

C. 在某一方面或行为上达到极致的人 D. 其他（请注明）

10. ×<u>团</u>　　粉丝<u>团</u> 帮帮<u>团</u> 窝窝<u>团</u>

A. 不知道　　　　　　　　　　　B. 球形的东西

C. 会合在一起的　　　　　　　　D. 其他（请注明）

11. <u>山寨</u>×　　<u>山寨</u>机 <u>山寨</u>版 <u>山寨</u>电视

A. 不知道　　　　　　　　　　　B. 筑有栅栏等防守工事的山庄

C. 抄袭模仿　　　　　　　　　　D. 其他（请注明）

12. <u>低碳</u>×　　<u>低碳</u>哥 <u>低碳</u>生活 <u>低碳</u>城市

A. 不知道　　　　　　　　　　　B. 较低（更低）的温室气体排放

C. 环保节约　　　　　　　　　　D. 其他（请注明）

13. ×<u>套餐</u>　　文化<u>套餐</u> 装修<u>套餐</u> 健身<u>套餐</u>

A. 不知道　　　　　　　　　　　B. 有米有饭的饮食

C. 成系列的、打包销售的产品　　D. 其他（请注明）

14. ×<u>贴士</u>　　旅行<u>贴士</u> 健康<u>贴士</u> 生活<u>贴士</u>

A. 不知道　　　　　　　　　　　B. 贴在巴士上的东西

C. 关心、提示别人的信息　　　　D. 其他（请注明）

15. ×<u>门</u>　　解说<u>门</u> 造假<u>门</u>

A. 不知道　　　　　　　　　　　B. 可以通过的出口

C. 丑闻、事件　　　　　　　　　D. 其他（请注明）

16. ×<u>秀</u>　　服装<u>秀</u> 写真<u>秀</u> 内衣<u>秀</u>

A. 不知道　　　　　　　　　　　B. 秀丽

C. 展示　　　　　　　　　　　　D. 其他（请注明）

17. <u>裸</u>×　　<u>裸</u>考 <u>裸</u>价 <u>裸</u>退

A. 不知道　　　　　　　　　　　B. 不穿衣服

C. 没有任何准备或附加东西　　　D. 其他（请注明）

18. 晒×   晒幸福 晒工资 晒恩爱

A. 不知道   B. 晾晒,晒太阳

C. 公开化展示   D. 其他(请注明)

19. 雷×   雷人 雷语 雷倒

A. 不知道   B. 打雷

C. 惊人的,耸人听闻的   D. 其他(请注明)

20. 她×   她世纪 她时尚 她周刊

A. 不知道   B. 某一个女人

C. 女性,泛指   D. 其他(请注明)

三、当代汉语新词族及相关词语的使用情况(请您选择您个人对该词的使用情况)

1. ×奴   房奴 车奴 孩奴

A. 不使用   B. 经常使用

C. 偶尔使用过   D. 其他(请注明)

2. ×霸   考霸 面霸 麦霸

A. 不使用   B. 经常使用

C. 偶尔使用过   D. 其他(请注明)

3. ×哥   的哥 犀利哥 纯情哥

A. 不使用   B. 经常使用

C. 偶尔使用过   D. 其他(请注明)

4. ×二代   富二代 穷二代 拼二代

A. 不使用   B. 经常使用

C. 偶尔使用过   D. 其他(请注明)

5. ×党   摩旅党 背包党

A. 不使用   B. 经常使用

C. 偶尔使用过   D. 其他(请注明)

6. ×族   上班族 飞鱼族 媚皮族

A. 不使用　　　　　　　　　　B. 经常使用

C. 偶尔使用过　　　　　　　　D. 其他（请注明）

7. ×客　　拍客 拼客 自由客

A. 不使用　　　　　　　　　　B. 经常使用

C. 偶尔使用过　　　　　　　　D. 其他（请注明）

8. ×控　　　微博控 正太控 结婚控

A. 不使用　　　　　　　　　　B. 经常使用

C. 偶尔使用过　　　　　　　　D. 其他（请注明）

9. ×帝　　洗面帝 灭灯帝 数学帝

A. 不使用　　　　　　　　　　B. 经常使用

C. 偶尔使用过　　　　　　　　D. 其他（请注明）

10. ×团　　粉丝团 帮帮团 窝窝团

A. 不使用　　　　　　　　　　B. 经常使用

C. 偶尔使用过　　　　　　　　D. 其他（请注明）

11. 山寨×　山寨机 山寨版 山寨电视

A. 不使用　　　　　　　　　　B. 经常使用

C. 偶尔使用过　　　　　　　　D. 其他（请注明）

12. 低碳×　　低碳哥 低碳生活 低碳城市

A. 不使用　　　　　　　　　　B. 经常使用

C. 偶尔使用过　　　　　　　　D. 其他（请注明）

13. ×套餐　　文化套餐 装修套餐 健身套餐

A. 不使用　　　　　　　　　　B. 经常使用

C. 偶尔使用过　　　　　　　　D. 其他（请注明）

14. ×贴士　　旅行贴士 健康贴士 生活贴士

A. 不使用　　　　　　　　　　B. 经常使用

C. 偶尔使用过　　　　　　　　D. 其他（请注明）

15. ×门　　　解说门 造假门

A. 不使用   B. 经常使用

C. 偶尔使用过   D. 其他(请注明)

16. ×秀   服装秀 写真秀 内衣秀

A. 不使用   B. 经常使用

C. 偶尔使用过   D. 其他(请注明)

17. 裸×   裸考 裸婚 裸色

A. 不使用   B. 经常使用

C. 偶尔使用过   D. 其他(请注明)

18. 晒×   晒幸福 晒工资 晒恩爱

A. 不使用   B. 经常使用

C. 偶尔使用过   D. 其他(请注明)

19. 雷×   雷人 雷语 雷倒

A. 不使用   B. 经常使用

C. 偶尔使用过   D. 其他(请注明)

20. 她×   她世纪 她时尚 她周刊

A. 不使用   B. 经常使用

C. 偶尔使用过   D. 其他(请注明)

四、语言态度

1. 评价:整体来看,您是否喜欢该类词的构造方式?

A. 比较喜欢(新鲜时尚,生动贴切,简单方便)

B. 一般(不喜欢也不反感)

C. 比较反感(随处可见,无聊,偷懒省事)

D. 有的喜欢,有的不喜欢

2. 态度:整体来看,您希望该类词发展趋势怎样?

A. 继续保留并越来越多

B. 顺其自然(不需要人为刻意地控制)

C. 逐渐被淘汰

D.有的继续保留,有的被逐渐淘汰

3.感受:您认为该类词会对汉语产生什么影响?

A.积极影响,推动汉语发展(注入新的元素)

B.无太大影响

C.消极影响,破坏了汉语(不利于民族文化的传承)

D.有的有积极意义,有的有消极意义

4.行为:您会关注或学习该类词吗?

A.会的(需要及时关注、学习,以跟上时代步伐)

B.不知道(顺其自然,不懂没有关系)

C.不会(昙花一现,没有必要关注)

D.部分词语及构词方式会关注,有的不会关注

5.看待继承型语素或词的态度:汉语中很多语素和词从古就有,但当代社会在基本意义保持不变的基础上,又赋予了其一定的感情色彩(如调侃意味),使之和基本义、原义等有了较大的语义差别,如×男、×女、×哥、×二代,您怎么看待?

A.比较支持认同,语言与社会共同发展的结果

B.无所谓

C.反对,语义延伸泛滥,糟蹋了汉语,汉语中传统的语义及表达方式应保留

D.其他

6.看待新兴指称人群方式的态度:当代社会有很多新兴的指称人群的方式,如×团、×族、×客、×帝、×控、×党,您怎么看待?

A.比较支持认同,多元人群必然有多元的词语和方式来指称

B.无所谓

C.反对,太多了,随意泛滥、没有必要

D.好的表达方式支持,只为吸引眼球的表达方式反对

7.看待旧词新义类语素或词的态度:汉语中很多语素和词从古就有,但

当代社会又赋予了其很多新的意义,使之和基本义、原义等有了较大的语义差别,如雷×、山寨×、裸×、晒×,您怎么看待?

    A. 比较支持认同,有必要,语言与社会共同发展的结果

    B. 无所谓

    C. 反对,语义延伸泛滥,糟蹋了汉语,汉语中传统的语义及表达方式应该保留

    D. 其他

    8. 看待外来语素或词的态度:汉语中有很多从外语(英语和日语为主)中音译或意译的语素,如低碳×、×套餐、×贴士、×秀、×控、×吧等,您怎么看待

    A. 比较支持认同,语言接触的必然结果

    B. 无所谓

    C. 反对,汉语中也有自己的表达方式,无须从外语中引进,有些崇洋媚外

    D. 其他

附录四　字母词使用情况调查

日期：＿＿＿年＿＿＿月＿＿＿日　调查对象姓名：＿＿＿＿＿＿＿　联系电话：＿＿＿＿＿＿

【学生填】专业：＿＿＿＿＿＿＿＿＿＿　年级：＿＿＿＿＿＿＿＿＿＿

一、调查对象基本情况

1. 性别：＿＿＿＿＿＿＿

2. 您的民族成分：＿＿＿＿＿＿族　受教育程度：＿＿＿＿＿＿　职业：＿＿＿＿＿

3. 您的年龄：＿＿＿＿＿＿（周岁）　婚否：＿＿＿＿＿＿

4. 您的出生地＿＿＿＿＿＿＿＿＿＿＿＿＿＿＿＿＿＿

5. 您迁入或者来到本地的年时长：＿＿＿＿＿＿＿＿＿＿＿＿＿＿＿＿＿＿＿

您在哪些地方（除出生地和现居住地之外）连续居住过一年以上，请注明时间、地点和外出目的。＿＿＿＿＿＿＿＿＿＿＿＿＿＿＿＿＿＿＿＿＿

6. 您平时看报纸吗？ A. 经常　　　　B. 偶尔　　　　　C. 从不

您通常看什么类型的栏目？【可多选】A. 时政 B. 财经 C. 文艺 D. 娱乐 E. 时尚 F. 体育 G. 社会生活

7. 您平时看电视吗？ A. 经常　　　　　B. 偶尔　　　　　C. 从不

您通常看什么类型的节目？【可多选】A. 时政新闻 B. 财经 C. 文体 D. 访谈 E. 相亲 F. 电视剧 G. 其他

8. 您平常上网吗？ A. 经常　　　　　B. 偶尔　　　　　C. 从不

您上网经常做什么？【可多选】A. 聊天 B. 浏览网站 C. 看或写日记、微博等 D. 打游戏 E. 看电视

9. 日常生活和交际中，您通过哪些途径接触字母词？【可多选】

A. 网络 B. 电视 C. 广播 D. 书刊 E. 报纸杂志 F. 好友 G. 同事（或同学）H. 家人 I. 其他

二、知晓情况(您是否清楚该词的语义?)

1. WTO 盛宴

A. 非常清楚　　　　B. 不大清楚　　　　C. 不清楚

2. A 咖

A. 非常清楚　　　　B. 不大清楚　　　　C. 不清楚

3. IT 狗

A. 非常清楚　　　　B. 不大清楚　　　　C. 不清楚

4. 4A 景区

A. 非常清楚　　　　B. 不大清楚　　　　C. 不清楚

5. Wi-Fi

A. 非常清楚　　　　B. 不大清楚　　　　C. 不清楚

6. VS

A. 非常清楚　　　　B. 不大清楚　　　　C. 不清楚

7. GDP

A. 非常清楚　　　　B. 不大清楚　　　　C. 不清楚

8. PM2.5

A. 非常清楚　　　　B. 不大清楚　　　　C. 不清楚

9. NICU

A. 非常清楚　　　　B. 不大清楚　　　　C. 不清楚

10. AI

A. 非常清楚　　　　B. 不大清楚　　　　C. 不清楚

11. ETC

A. 非常清楚　　　　B. 不大清楚　　　　C. 不清楚

12. 3D

A. 非常清楚　　　　B. 不大清楚　　　　C. 不清楚

13. GPS

A. 非常清楚　　　　B. 不大清楚　　　　C. 不清楚

14. OPEC

A. 非常清楚　　　　B. 不大清楚　　　　C. 不清楚

15. SOS

A. 非常清楚　　　　B. 不大清楚　　　　C. 不清楚

16. Ofo

A. 非常清楚　　　　B. 不大清楚　　　　C. 不清楚

17. APP

A. 非常清楚　　　　B. 不大清楚　　　　C. 不清楚

18. 3H 女郎

A. 非常清楚　　　　B. 不大清楚　　　　C. 不清楚

19. KOD

A. 非常清楚　　　　B. 不大清楚　　　　C. 不清楚

20. GIS

A. 非常清楚　　　　B. 不大清楚　　　　C. 不清楚

21. PPP

A. 非常清楚　　　　B. 不大清楚　　　　C. 不清楚

22. WTA

A. 非常清楚　　　　B. 不大清楚　　　　C. 不清楚

23. ESI

A. 非常清楚　　　　B. 不大清楚　　　　C. 不清楚

三、使用情况（您是否经常使用该词？）

1. WTO 盛宴

A. 经常使用　　　　B. 偶尔使用　　　　C. 一般不用

2. A 咖

A. 经常使用　　　　B. 偶尔使用　　　　C. 一般不用

3. IT 狗

A. 经常使用　　　　B. 偶尔使用　　　　C. 一般不用

4. 4A 景区

A. 经常使用　　　　B. 偶尔使用　　　　C. 一般不用

5. Wi-Fi

A. 经常使用　　　　B. 偶尔使用　　　　C. 一般不用

6. VS

A. 经常使用　　　　B. 偶尔使用　　　　C. 一般不用

7. GDP

A. 经常使用　　　　B. 偶尔使用　　　　C. 一般不用

8. PM2. 5

A. 经常使用　　　　B. 偶尔使用　　　　C. 一般不用

9. NICU

A. 经常使用　　　　B. 偶尔使用　　　　C. 一般不用

10. AI

A. 经常使用　　　　B. 偶尔使用　　　　C. 一般不用

11. ETC

A. 经常使用　　　　B. 偶尔使用　　　　C. 一般不用

12. 3D

A. 经常使用　　　　B. 偶尔使用　　　　C. 一般不用

13. GPS

A. 经常使用　　　　B. 偶尔使用　　　　C. 一般不用

14. OPEC

A. 经常使用　　　　B. 偶尔使用　　　　C. 一般不用

15. SOS

A. 经常使用　　　　B. 偶尔使用　　　　C. 一般不用

16. Ofo

A. 经常使用　　　　B. 偶尔使用　　　　C. 一般不用

17. APP

A. 经常使用　　　　　　B. 偶尔使用　　　　　　C. 一般不用

18. 3H 女郎

A. 经常使用　　　　　　B. 偶尔使用　　　　　　C. 一般不用

19. KOD

A. 经常使用　　　　　　B. 偶尔使用　　　　　　C. 一般不用

20. GIS

A. 经常使用　　　　　　B. 偶尔使用　　　　　　C. 一般不用

21. PPP

A. 经常使用　　　　　　B. 偶尔使用　　　　　　C. 一般不用

22. WTA

A. 经常使用　　　　　　B. 偶尔使用　　　　　　C. 一般不用

23. ESI

A. 经常使用　　　　　　B. 偶尔使用　　　　　　C. 一般不用

四、语言态度(您希望字母词有怎样的发展趋势?)

1. 评价:整体来看,您是否喜欢字母词的构造方式?

A. 喜欢(新鲜时尚,生动贴切,简单方便)

B. 一般(不喜欢也不反感)

C. 反感(随处可见,无聊,偷懒省事)

2. 行为:您会关注或学习该类词吗?

A. 会的(需要及时关注、学习,以跟上时代步伐)

B. 顺其自然(不懂没有关系)

C. 不会(昙花一现,没有必要关注)

3. 感受:您认为字母词对汉语产生了怎样的影响?

A. 积极影响,推动汉语发展

B. 无太大影响

C. 消极影响,破坏了汉语

4. 态度:整体来看,您希望字母词有怎样的发展趋势?

A. 有较大发展

B. 顺其自然

C. 有控制地发展